Pour Francine,
avec toutes mes
amitiés

TRAVELLING SUR LES ANNÉES NOIRES

Michel Jacquet

TRAVELLING SUR LES ANNÉES NOIRES

L'OCCUPATION VUE PAR LE CINÉMA FRANÇAIS DEPUIS 1945

ALViK
EDITIONS

2 rue Malus, Paris V⁵

À Michel Gélis,
ami et cinéphile précieux

.

Mes dimanches soir avec Bourvil

« Maman ! Maman ! Noël est parti ! » Affolé, désespéré, dévalant l'escalier d'un pavillon cossu, un enfant tente d'empêcher le départ d'un individu que l'on sent brisé, un individu dont l'allure empruntée de Bourvil exprime merveilleusement le désarroi. Ce départ est une fuite : exit Noël Fortunat, personnage touchant, débordant d'une vraie générosité, personnage terriblement humain cependant, qui emporte avec lui des désirs inavouables et des pensées sordides. Il voudrait courir et s'éloigner plus vite mais ses secrets sont trop lourds pour le lui permettre.

Noël Fortunat était ce que l'on a coutume d'appeler un pauvre type, un ivrogne mal dégrossi d'une bourgade du Loir-et-Cher. L'Occupation le révèle à lui-même et le révèle aux autres. Investi par son ancienne institutrice de responsabilités que pouvait seulement justifier une période aussi troublée, le voilà chargé d'accompagner en zone libre l'épouse (Michèle Morgan) et les deux enfants d'un médecin déporté. Sans rien perdre de son naturel, de sa simplicité, de son humanité, Noël viendra à bout de toutes les préventions liées à sa rusticité et à son inculture. La précarité des conditions de vie imposées par la clandestinité le rend indispensable à une famille d'accueil dont il constitue rapidement le pilier. Noël qui n'était personne devient quelqu'un, se pare d'une respec-

tabilité dont la candeur dépourvue de toute suffisance prête encore parfois à sourire. Tout pourrait
aller pour le mieux dans le pire des mondes possibles si la guerre et les privations n'avaient aussi
une fin et si le « vrai » mari n'avait survécu aux
camps. Ce qui aurait pu n'être qu'une fable humaniste bascule dans la tragédie. Les choses et les
familles rentrent dans l'ordre et Noël est rendu à
son inutilité. Sans rien perdre d'une dignité si
récemment acquise, Noël est habité de sentiments
horribles. Le talent de Bourvil aidant, on « voit »
l'angoisse et les regrets qu'éprouve successive-
ment Noël face à ce retour de la légitimité et du
monde normal. Il a compris que la guerre n'a été
qu'une parenthèse propice aux marginaux, aux
« bons à rien » comme lui, à tous ceux que leur
médiocrité exclut des débats « sérieux », en temps
de guerre comme en temps de paix.

En respectant pour l'essentiel les ingrédients
nécessaires à un film familial des années 60 (on
devine que cette histoire ne peut totalement éviter
de verser dans une légère complaisance pour
le mélodrame), Alex Joffé proposait néanmoins
avec *Fortunat* une approche relativement novatrice de la période de l'Occupation. Celle-ci
n'était en effet aucunement appréhendée sous
l'angle de la politique et la problématique Résis-
tance-Collaboration n'intervenait guère dans la
narration. C'est la transformation d'un individu,
l'effet de sublimation que la période de guerre
avait pu exercer sur certains êtres « neutres », qui
formaient la poutre maîtresse du scénario. Que le
rôle-titre ait été tenu par Bourvil relevait quasiment de l'évidence. Nous en reparlerons.

Même démarche incertaine, légèrement ban-
cale et voûtée, un homme hagard vient de s'extir-
per de sous un wagon après avoir « voyagé » sur

l'essieu. Son pas s'accélère. Il claudique plus qu'il ne court sur le ballast. D'abord incrédule, on le devine ensuite gagné par l'enthousiasme. Pendant que le mot « fin » s'incruste sur l'écran, la voix de Charles Trénet s'élève. *Revoir Paris* accompagne cette libération. C'est encore avec Bourvil que se termine *Les Culottes rouges*. Filmé de dos, quelque peu informe, le personnage retrouve un destin. Appréhendé moins tragiquement que ne l'était celui de Fortunat, son avenir paraît cependant très aléatoire. Fendard retrouve un monde auquel il n'est plus du tout adapté. Ballotté par les événements, il a échappé de manière miraculeuse à la captivité, et par là même au fatalisme, à la débrouillardise et aux petites hontes qui constituaient le quotidien de son stalag. Son sort n'est pas sans évoquer celui de sa patrie, vaincue, occupée, humiliée, mais heureusement surprise, au final, de se voir concéder un rôle qu'elle ne croyait plus lui être réservé. Ce personnage un peu trop servile, résigné, pusillanime (en aucun cas un héros, on l'aura compris), finit par se couler – non sans jouissance – dans un costume a priori taillé pour d'autres, pour cet Antoine Rossi par exemple, ce bravache, obsédé de l'évasion, qui l'avait harcelé et persécuté pendant leurs années de détention commune. C'est le médiocre, le laborieux, qui a gain de cause, évadé contre son gré, presque par mégarde, au grand dépit de l'impatient, du cynique Antoine (que l'affrontement des personnages se soit fait à travers la rencontre de Bourvil, l'acteur populaire par excellence – avec toutes les connotations négatives qui pouvaient s'attacher à ce terme à l'aube de la « nouvelle vague » – et de Laurent Terzieff, l'une des figures les plus « branchées » du théâtre d'avant-garde, n'était d'ailleurs pas sans signification symbolique ; c'était à l'opposition de deux France que le spectateur était convié). Deux ans après *Fortunat*, Alex Joffé revenait sur les lisières de l'Occupation pour explorer quelques aventures anonymes, quelques basculements provoqués dans l'existence des sans-grade par les secousses de la « Grande Histoire ». Il avait fallu plus d'une quinzaine d'années pour que le cinéma français échappe à la fonction politique qui lui avait été implicitement assignée depuis la Libération.

Que l'on ne me tienne pas rigueur de cette accroche sans doute un peu trop longue. Que l'on pardonne à un enfant du baby-boom d'avoir fait prévaloir ses émotions en noir et blanc. Il se trouve que celles-ci étaient fréquemment peuplées par les uniformes de la Wehrmacht. La nostalgie est toujours ce qu'elle était, indissolublement liée aux grands-messes dominicales de vingt heures trente, quand la chaîne unique n'évitait pas pour autant les rediffusions et que ces films, que l'on peut maintenant à double titre qualifier « d'époque », imprimaient une marque indélébile sur des imaginations pas encore saturées d'images. Sans vouloir établir de hiérarchies stupides, il me semble avoir vécu peu de moments plus forts que ces deux fins de films. La période de l'Occupation appartient à l'histoire… et à la polémique. Sa restitution cinématographique appartient à chacun et ne peut s'émanciper de la mémoire affective. Dans la projection kaléidoscopique que le mot « occupation » fait inévitablement surgir sur mes écrans intérieurs, le visage de Bourvil est omniprésent.

Aucun acteur n'a su exprimer aussi profondément que Bourvil les angoisses et les atermoiements d'un pays piégé, à la fois usé et dégradé par son histoire récente, saisi par une tourmente qui dépassait sa mesure. Avec une force tragique qu'on ne lui reconnut que tardivement, Bourvil a tendu aux Français un miroir. Il leur a montré ce qu'ils ne voulaient pas voir d'eux-mêmes et il sut le faire avec suffisamment d'indulgence et d'habileté pour les réconcilier tant bien que mal avec ce qu'ils avaient été. Au gré des rôles (*La Traversée de Paris, Le Chemin des écoliers, Fortunat, Les Culottes rouges, La Grande Vadrouille, Le Mur de l'Atlantique*), son personnage témoignait d'une continuité qui en faisait une incarnation possible de la France occupée. Pour être assurément moins glorieuse qu'on l'eût souhaitée, celle-ci n'en était que plus authentique et plus nuancée. Pathétique et velléitaire, toujours capable de bravoure malgré sa gaucherie naturelle, le Français-Bourvil n'est pas un homme « sans qualités ». Il est l'homme complexe, changeant, le fidèle reflet d'un peuple submergé par la folie de l'Histoire, auquel on ne peut raisonnablement reprocher de n'être pas toujours immuable, logique et héroïque. Souvent lâches mais rarement indignes, opportunistes sans véritable bassesse, les personnages interprétés par Bourvil sortent de l'Occupation meilleurs qu'ils n'y sont entrés. Ils accompagnent le spectateur longtemps après le film et n'altèrent en rien l'image de l'acteur (une des formes les plus rares du génie de Bourvil fut en effet d'avoir préservé, à travers tous ses rôles, un capital sympathie qui n'aurait logiquement pas dû résister à certains d'entre eux). Ces personnages ambivalents permirent au cinéma français de s'affranchir d'une approche essentiellement didactique et « bien-pensante » de cette période. Leur mérite fut de proposer une vision plus psychologique, plus introspective, d'un pays « sous la botte ». Cette démarche réclamait une forme de courage peu contestable à défaut d'être brillante.

Une telle introduction est d'une totale subjectivité. Fût-elle libre, une étude du cinéma sur l'Occupation ne saurait se satisfaire de critères émotionnels et je m'empresserai donc de la « recadrer ». Je pense cependant qu'il convenait de rendre à Alex Joffé – réalisateur injustement négligé aujourd'hui – un hommage dont la suite de ce travail s'efforcera de démontrer la légitimité. Quant à Bourvil, on s'apercevra rapidement qu'on ne saurait traiter de la vision cinématographique de l'Occupation sans revenir régulièrement vers lui. On soulignera d'ailleurs, sans plus attendre, qu'il tint son dernier rôle, en 1970, dans *Le Mur de l'Atlantique* de Marcel Camus, sans doute pas un élément dominant de sa filmographie mais, malgré des faiblesses certaines, une forme de synthèse des nombreux personnages « occupés » qui lui avaient été donnés à interpréter. Ce restaurateur normand, dont les petites combines et la bienveillance débonnaire à l'égard de l'occupant frisent la Collaboration mais qui rejoint la Résistance à son corps défendant et après de multiples quiproquos, illustre à lui seul les nombreuses potentialités de tous ces individus essentiellement hésitants et bousculés par une époque chaotique que Bourvil sut camper avec un étonnant naturel.

I

DES FRANÇAIS « TRANQUILLES »

On éprouverait quelques scrupules à prétendre que le cinéma de l'immédiat après-guerre se soit montré très critique vis-à-vis du comportement des Français occupés. Il est certain qu'à cet égard la production romanesque de la fin des années 40 fit preuve de beaucoup plus de vivacité (rappelons simplement que *Mon village à l'heure allemande* de Jean-Louis Bory et *Les Forêts de la nuit* de Jean-Louis Curtis – ouvrages pourtant fort peu complaisants pour l'attentisme et les différentes formes d'opportunisme en vigueur durant les années sombres – se virent attribuer les prix Goncourt 1945 et 1947).

De toute évidence, quels que soient l'époque et les événements considérés, l'industrie cinémato-graphique subit des pressions incomparablement plus fortes. Elle se trouve confrontée à des enjeux sociologiques, politiques et commerciaux auxquels la littérature échappe plus aisément, parfois même avec une désinvolture ostentatoire. Après la Libé-ration, le roman compensait ainsi par une liberté d'expression quasi totale la relative désaffection que lui valait l'expansion du septième art, comme il compenserait celle – plus marquée encore – que lui réservait le fulgurant succès à venir de la télévision.

De fait, dans un contexte marqué par l'épuration politique et culturelle, où la chasse aux collaborateurs – réels ou « assimilés » – s'apparentait à un sport national, où la présentation de certificats de résistance – légitimes ou « bricolés » – revêtait un caractère de nécessité, voire d'urgence, les cinéastes s'employèrent très tôt à valider l'écriture immédiate de l'histoire à laquelle se livraient conjointement les gaullistes et les communistes. Dans cet exercice tout de rapidité et de conviction spontanée, l'optique résistantialiste était une condition *sine qua non*. Ceux qui dérogeaient à l'obligation de mettre en scène une nation unie dans la révolte et l'héroïsme étaient inévitablement voués à une confidentialité réprobatrice. L'insuccès réservé aux *Portes de la nuit* – film ayant pour cadre le Paris de l'hiver 1945 – pouvait ainsi partiellement s'expliquer par des références, sans doute un peu trop nombreuses, aux privations et au marché noir, de même que par l'insistance mise à évoquer les différents désordres provoqués par l'Occupation dans la société française. Les accommodements trouvés avec l'occupant, les revirements de dernière heure, les reconstitutions d'héroïsme a posteriori et l'indifférence – quand ce n'était pas le mépris – manifestée à l'égard des vrais héros, tout cela ne proposait effectivement pas un tableau très reluisant de la France libérée. Si la musique de Joseph Kosma devait survivre brillamment à l'échec du film, la « magie poétique » du tandem Carné-Prévert, si efficiente jusque-là, ne jouait plus. Elle se heurtait cette fois à la censure implicite qu'étaient appelées à connaître les représentations trop peu « convenables » des années sombres.

Cette première phase du cinéma d'après-guerre, que l'on peut considérer comme celle de la reconstruction identitaire et morale d'une nation, s'avéra cependant relativement courte. Sans remettre en cause les qualités de films comme *Jéricho* d'Henri Calef, *Peloton d'exécution* d'André Berthomieu ou *Le Jugement dernier* de René Chanas, nous nous appuierons essentiellement sur trois films pour l'illustrer : *Boule de suif*, *La Bataille du rail* et *Le Père tranquille*.

Paradoxalement, c'est en effet l'adaptation de la célèbre nouvelle de Maupassant qui marqua le début d'une restitution apologétique de la Résistance. Peut-être Christian-Jaque avait-il hésité, dès 1945, à pratiquer dans l'instantanéité la dénonciation et l'éloge de manière très explicite ? Toujours est-il que le décalage chronologique et le « jeu » sur les guerres franco-allemandes lui permettaient de conférer une certaine bienséance à son film et d'éloigner les soupçons d'opportunisme. Il est vrai que l'occupation prussienne de 1870 offrait une similitude suffisante avec la situation que la France venait à nouveau de subir pour que le message résistantialiste claironné par le républicain Cornudet et la légendaire fille de joie revête en quelque sorte un caractère atavique. Cet anachronisme astucieux était suffisamment flatteur et « positif » pour une nation que l'on entendait relever.

Telle que Maupassant l'abandonnait dans sa diligence à la fin de la nouvelle, la pauvre Boule de suif présentait cependant l'inconvénient majeur d'incarner l'humiliation, la trahison inutile, la défaite. Certes, cette vaillante prostituée n'avait manqué ni de bravoure, ni même de grandeur d'âme, avant de céder aux avances menaçantes d'un officier prussien, mais une fidélité complète au texte original aurait limité l'impact du film à celui d'une sévère mise en cause de la veulerie, des compromissions et des diverses ignominies de ses compagnons de voyage, ces bourgeois rouennais prêts à tout – y compris à marchander la plus courageuse d'entre eux – pour se concilier les faveurs de l'occupant. Les percutantes répliques dues à Henri Jeanson aidant, la portée critique du film se fût limitée à montrer du doigt l'intemporelle lâcheté qui fait préférer à certains l'intérêt à l'honneur. Nul doute que le public de 1946 était parfaitement à même de saisir la moindre allusion sur le sujet.

L'idée majeure de Christian-Jaque fut d'avoir juxtaposé à *Boule de suif Mademoiselle Fifi,* autre nouvelle consacrée par Maupassant à cette invasion prussienne qui avait bouleversé son adolescence, autre personnage de prostituée, de femme confrontée à une double déchéance, celle de son état et celle de la défaite. Mais la juive Rachel ne s'incline pas. Promise à une partie fine avec un quarteron d'officiers vainqueurs, elle n'accepte pas que la souillure morale vienne s'ajouter à la servitude physique. En assassinant « Mademoiselle Fifi », hobereau prussien goguenard et pervers, sorte d'androgyne dénaturé – quelle extraordinaire interprétation de Louis Salou ! –, en échappant à la traque que mène ensuite contre elle l'armée occupante, c'est à la France éternelle, féminine et indomptable, qu'elle en appelle (c'est également, en filigrane, à une définition sociale du patriotisme). Une adaptation d'apparence scrupuleuse mais implicitement anachronique pouvait ainsi se transformer en incantation enfiévrée et régénératrice. Réunissant ces deux personnages sous les traits de la seule Micheline Presle, Christian-Jaque avait posé, à chaud, la première pierre d'un mémorial cinématographique de la France résistante.

Toute autre était la démarche suivie par *La Bataille du rail*, réalisation de René Clément qui allait rapidement pouvoir prétendre au titre de film emblématique de la Résistance. Née de la volonté des cheminots, initialement conçue sous forme d'un documentaire de vingt minutes destiné à témoigner de leur action clandestine sur les arrières du front de Normandie au lendemain du débarquement, cette fiction devenue long-métrage atypique – ton sobre et objectif, grisaille de la photo, extérieurs naturels, laconisme des personnages interprétés par des amateurs – s'inscrivait pourtant également dans une optique de célébration. À défaut d'exploits militaires, les Français libérés étaient en effet conviés à une exaltation de l'héroïsme des civils. Si les conditions matérielles et la psychologie des cheminots-résistants étaient restituées avec un évident souci d'exactitude, il y avait aussi dans ce pseudo-reportage un esthétisme qui n'était pas sans évoquer le meilleur cinéma soviétique, celui d'Eisenstein, de Poudovkine ou de Vertov.

Que l'on songe, par exemple, à cette scène d'exécution d'un groupe d'otages par un peloton allemand, en représailles des multiples sabotages effectués sur le réseau ferroviaire, lorsque le long sifflement rageur des locomotives répond, tel un glas, au crépitement des balles. La sombre poésie des sacrifices humains égrenés sur le mode anthologique – ces mécaniciens prêts à dérailler avec leur train –, l'anxiété admirablement rendue des poseurs de mines, contribuaient largement à placer ce film dans une perspective d'héroïsme collectif et anonyme. Cette perspective se trouvait en adéquation avec les attentes, pour ne pas dire les phantasmes consensuels, d'un grand public encore abasourdi par les soubresauts de la période politiquement et moralement chaotique qu'il venait de traverser. De fait, *La Bataille du rail*, film objectivement magnifique, n'en représentait pas moins une manifestation très perceptible de la volonté d'identifier et de réunir les Français qui imprégnait le discours politique d'après-guerre.

Confirmation allait être donnée des intentions de René Clément avec *Le Père tranquille*. Tournée dès le début de 1946, l'histoire de cet obscur pantouflard de province, agent d'assurances de son état et grand amateur d'orchidées, qui mène en parallèle et à l'insu de tout le monde, y compris de sa propre famille, l'existence pleine de périls de chef d'un réseau de Résistance, pouvait être vue comme une distribution générale de certificats de bonne conduite. Elle dédouanait généreusement tous ceux qui avaient vécu la période de l'Occupation de manière passive et laissait planer sur cette passivité l'ombre d'un doute bienveillant. Lorsque le père Martin – interprété par Noël-Noël qui était également scénariste, dialoguiste et co-réalisateur du film – répondait à un officier allemand surpris par la résignation des Français : « Il faut du temps pour connaître les Français. Il faut plus de trois ans et demi pour connaître les Français. », il corroborait le discours résistantialiste en vigueur lors de la Libération en certifiant le caractère irréductible d'une nation certes occupée mais qu'il ne fallait surtout pas considérer comme résignée. La paix revenue, Édouard Martin reste un héros absolument irréprochable, qui refuse toute entrée dans la vie politique, reprend ses activités antérieures aussi tranquillement qu'avant-guerre et appelle les Français à la réconciliation.

Créé en octobre 1944, le Service cinématographique de la Commission Militaire Nationale pouvait donner à ce film un avis des plus favorables.

L'accueil qui lui fut réservé par le grand public confirma que ce *Père tranquille* tombait décidément « à pic » et que René Clément pouvait prétendre au titre, somme toute très honorable, de réalisateur le plus consensuel de l'après-guerre. L'Occupation devait d'ailleurs rester un fil conducteur de son œuvre ultérieure. Outre *Jeux interdits* (1952), dans lequel la débâcle de 1940 sert à la fois de toile de fond et de révélateur à une approche totalement iconoclaste de l'enfance, il conviendrait en effet de s'attarder sur *Le Jour et l'heure*, film de 1962 qui permet à René Clément de s'attacher une nouvelle fois à rendre la plus positive possible l'atmosphère pourtant pesante et ambiguë de la France de 1944. Alors que les volte-face anticipant un débarquement prochain se multiplient, une bourgeoise restée jusque-là indifférente aux événements se transfigure en héroïne. Prenant en charge un aviateur américain, Thérèse (Simone Signoret) ennoblit et authentifie le rôle habituellement si controversé de « résistant de la dernière heure ». Nous sommes encore très loin du cynisme de *Lacombe Lucien* ; les anonymes et les tièdes sont entraînés et réhabilités par un vaste sursaut collectif. La scène la plus marquante du film fait écho à *La Bataille du rail* : dans les couloirs d'un train, une foule aux visages diffus communie dans l'effort pour expulser sur les voies un agent de la Gestapo. C'est au réveil d'un peuple que l'on assiste. René Clément souhaite visiblement se situer dans le domaine de l'hagiographie et observer une certaine réserve quant à la diversité des parcours individuels. Cette optique se vérifiera avec *Paris brûle-t-il ?* (1966), fresque historique à grand spectacle sur la libération de la capitale, conçue dans une volonté de commémoration quasi officielle avec le souci évident de ne bousculer en rien la vision instituée des événements (ce que souligne le recours fréquent à des images d'archives largement connues du grand public).

Il va de soi que les films de 1946 évoqués dans ce chapitre correspondaient aux préoccupations de l'instant et qu'on ne saurait exiger d'eux ni recul historique ni le moindre effort pour une approche « compréhensive » de l'occupant. Le moment n'était pas venu d'une tentative de reconstruction de l'image des Allemands. Ceux-ci n'étaient encore que des ennemis, éléments essentiels des scénarios, mais stéréotypes figés dans une attitude exclusivement militaire.

C'est sans doute *Boule de suif* qui était allé le plus loin dans la caricature, la substitution des casques à pointes prussiens aux uniformes vert-de-gris du IIIe Reich n'adoucissant certainement pas la vision de l'adversaire germanique. Le cinéma ne faisait en cela que reproduire le discours politique en vigueur, peu complaisant pour l'éternel agresseur. En 1945, les premières instructions données par Paris aux autorités françaises d'occupation en Allemagne stipulaient ainsi qu'il convenait de pratiquer « une politique de déprussianisation administrative et culturelle ». Trois ans plus tard, le 9 juin 1948, le Général de Gaulle lui-même – pour s'opposer aux décisions de la Conférence de Londres prévoyant la reconstitution d'une Allemagne réunifiée – n'hésitait pas à mentionner les « instincts dominateurs » des Allemands. La réconciliation n'était donc pas à l'ordre du jour, et l'on ne pouvait tout de même pas demander au cinéma d'anticiper les mouvements de société en gestation ou les évolutions ultérieures de la géopolitique. Miroir fidèle de son époque, il était logique qu'il s'employât plutôt à porter témoignage sur la barbarie consubstantielle à nos

belliqueux voisins d'outre-Rhin. Toute interrogation sur les ressorts obscurs de l'âme allemande et
toute prise en compte d'une éventuelle dimension humaine de l'occupant auraient alors paru
extrêmement prématurées.

II

QUAND L'INDIVIDU REPARAÎT

Au début des années 50, le cinéma modifie sa perspective et commence à explorer des territoires que le roman avait depuis longtemps investis. L'Histoire n'est plus seulement conçue comme une abstraction dans laquelle s'expriment des motivations essentiellement politiques, mais comme le théâtre de passions individuelles. L'individu prend place dans la représentation des années 40-44, avec ses névroses, ses contradictions, ses hésitations et ses revirements. En s'humanisant, en abandonnant partiellement le terrain idéologique, l'approche de la période gagne en complexité.

C'est ainsi qu'en 1952 *Nous sommes tous des assassins* d'André Cayatte lance un pavé dans la mare un peu trop stagnante du discours sur la Résistance. Ce film s'affranchit, en effet, de la nécessité quasiment convenue d'une héroïcité de l'action clandestine. Le personnage principal, René Le Guen (Mouloudji) est un voyou issu des bidonvilles qui ceinturent alors Paris, illettré, alcoolique et totalement amoral. Au hasard d'une rencontre, il passe sans transition des basses besognes du marché noir aux basses besognes de la

Résistance. Engagé dans des actions où son mépris pour la vie humaine – la sienne et celle des autres – constitue un atout certain, René s'avère absolument inapte à toute forme de réinsertion dans la société d'après-guerre. Rendu à son oisiveté et confiné aux marges sociales et morales d'une France rapidement prise d'indifférence à l'égard de ses « héros », il ne réalise pas que les temps ont changé et se rend très vite coupable de trois meurtres gratuits et absurdes. Commence dès lors un long plaidoyer contre la peine de mort dans lequel André Cayatte donne libre cours au didactisme qui était sa marque de fabrique et dont on lui reprocha souvent la lourdeur.

Pour ce qui nous concerne, c'est la première demi-heure du film qui retient l'essentiel de notre attention, car c'est dans cette partie que le scénario témoigne d'un anticonformisme encore peu répandu en 1952. Le personnage de René montre en effet que l'on pouvait non seulement être un résistant de circonstances, sans aucune motivation patriotique ou politique, mais aussi un sale type, un rebut de la société au comportement totalement abject. En somme, un résistant qui aurait tout aussi bien pu être milicien. Si le propos essentiel du film s'était tenu à cette démonstration, il serait possible de considérer *Nous sommes tous des assassins* comme une véritable préfiguration de *Lacombe Lucien*. Nous nous contenterons de dire que René Le Guen proposait une ébauche du personnage dont Louis Malle développerait, une vingtaine d'années plus tard, une analyse beaucoup plus approfondie. Dans un contexte encore très imprégné de résistantialisme, le ton employé par André Cayatte n'en prenait pas moins des résonances nouvelles et courageuses.

L'idée directrice du réalisateur n'était d'ailleurs certainement pas de jeter un discrédit moral sur la Résistance (Cayatte était « croix de guerre 39-45 »), car le film ne se voulait surtout pas négatif, mais plutôt de souligner que les années de guerre avaient d'autant plus bousculé les repères des individus lorsqu'elles se conjuguaient à une misère intellectuelle et morale très présente dans les milieux les plus défavorisés de la France libérée. Cette relation établie entre la complète indigence du personnage et son action politique permettait de contester implicitement la notion d'engagement alors très en vogue dans le microcosme germanopratin. Il est de fait qu'André Cayatte aimait déranger. Quoi qu'il en soit, cette remise en perspective marquait une évolution importante du regard porté sur une page d'histoire beaucoup plus contrastée que n'aurait pu le faire penser une imagerie d'Épinal par trop envahissante. La légende avait été construite de manière suffisamment hâtive et abusive pour qu'une telle forme de courage pût être légitimement appréciée.

La part dévolue à l'individu dans la restitution d'une période historique ne saurait cependant se limiter à la mise en relief de quelques destins particuliers, nécessairement significatifs sur les plans politique ou idéologique. Si le cinéma des années cinquante souhaitait donner une véritable authenticité à son approche de l'Occupation, il devait également en appréhender la banalité, la quotidienneté, en essayant de saisir ce qu'avaient été les comportements des humbles, des anonymes, de ceux qui, pour ne figurer ni dans les manuels d'histoire ni dans les reportages édifiants, n'en avaient pas moins constitué le tissu réel de la nation et l'indicateur des mentalités.

Plutôt que de solliciter les scénaristes, les cinéastes choisirent d'exploiter quelques gisements littéraires préexistants. Nous avons déjà souligné qu'au lendemain de la guerre, un certain nombre de romanciers n'avaient pas jugé bon de respecter le moindre délai de bienséance avant de proposer une vision acide des années d'occupation. Parmi ceux-ci Marcel Aymé était assurément l'un des plus prolixes et des plus virulents. Observateur impassible mais attentionné des agitations humaines, imperméable aux idéologies et politiquement « irrécupérable », Marcel Aymé avait, en effet, donné aux emballements de l'histoire une réponse littéraire extrêmement prompte. Dès 1946 paraissait *Le Chemin des écoliers*, tableau très contrasté d'une famille parisienne malmenée par les tentations et les scrupules que suscitaient les pénuries et les trafics en tous genres. En 1947, c'était un recueil de nouvelles, *Le Vin de Paris*, parmi lesquelles *Traversée de Paris*, affrontement psychologique et social de deux individus sur fond de marché noir. Enfin, en 1948, avec *Uranus*, description au vitriol de la France fraîchement libérée, Marcel Aymé mettait provisoirement fin à ce cycle romanesque sur l'Occupation.

Nous verrons qu'une quarantaine d'années s'écoulèrent avant qu'un réalisateur ne se risquât à adapter le brûlot que représentait *Uranus*. Lorsque Claude Berri se décida enfin à le faire, l'atmosphère de remise en cause dans laquelle baignait la France des années 90 lui garantissait une impunité à laquelle personne n'aurait raisonnablement pu prétendre à la Libération. En revanche, *Le Chemin des écoliers* et surtout *Traversée de Paris* connurent une fortune cinématographique beaucoup plus rapide.

En 1956, Claude Autant-Lara s'emparait de cette nouvelle d'une cinquantaine de pages qui ne semblait, a priori, pas particulièrement cinématographique. L'adaptation et les dialogues en étaient confiés à Jean Aurenche et Pierre Bost, les rôles principaux attribués à Jean Gabin et Bourvil (il convient également de mentionner l'étonnante prestation d'un Louis de Funès encore inconnu à cette époque), et le miracle s'accomplissait. La littérature devenait cinéma. Avec une grande économie de moyens, Autant-Lara parvenait non seulement à montrer, mais à faire ressentir au spectateur, à quel point les privations, l'obscurité due aux fréquentes coupures d'électricité, le froid, la peur, la honte même, révèlent la vérité des individus. Le spectacle produit par cette vérité était absolument effrayant.

Tout partait d'une banale histoire de marché noir. Martin (Bourvil), chauffeur de taxi réduit au chômage, engage fortuitement Grandgil (Gabin), suite à la défection de son partenaire habituel. Il s'agit de convoyer à l'autre bout de Paris, de nuit, un cochon éparpillé en quatre valises. Ce « voyage » qui pourrait être d'une banalité confondante prend très vite des dimensions épiques et universelles. L'Histoire est là, en filigrane, et sa fatalité pèse sur les individus (le générique en atteste qui se superpose à des images d'actualités montrant la parade des troupes allemandes victorieuses sur les Champs-Élysées). Pourtant, à la déroute de la nation succède la « débrouille » des citoyens qui la composent. Chacun surnage comme il le peut dans le naufrage collectif, la traversée agissant comme une épreuve quasi rituelle qui permet à l'individu d'exprimer sa liberté et ses ressources.

Cette analyse s'applique principalement à Grandgil. Celui-ci est un esthète flamboyant, un peintre renommé. C'est par jeu qu'il accepte l'offre de Martin. Nul besoin matériel n'explique sa participation à cette aventure minable, sinon la curiosité, l'envie de repousser les frontières du possible, de s'autoriser toutes les provocations, toutes les formes de cynisme (Pouvait-on pousser la provocation plus loin que ne le faisait la fameuse invective « Salauds de pauvres ! » qui ponctue un « échange » de Grandgil avec les clients d'un tripot sordide ?). De son propre aveu, Grandgil veut voir jusqu'où on peut aller en temps de guerre et d'occupation. Ce qui n'est pour lui qu'une petite virée nocturne sans conséquences, lui montre que l'on peut effectivement s'autoriser toutes les audaces, car les échantillons d'humanité rencontrés dans ce contexte constituent une bien triste engeance qui justifie le dégoût et l'anathème. Ce philosophe iconoclaste est un « pessimiste-positif » exaspéré et stimulé par la bêtise du monde et la lâcheté des hommes. Or, on doit objectivement reconnaître que le tableau que proposent ses congénères au cours de cette équipée ne les différencie guère des hordes de chiens qui rodent autour des valises. La jalousie et la haine sont les ressorts naturels de l'époque, qui agitent des marionnettes pitoyables et fantomatiques.

Autant-Lara semble de surcroît avoir pris plaisir à noircir la nouvelle de Marcel Aymé, puisqu'il confère à Grandgil une impunité due à sa notoriété d'artiste, reconnue par les Allemands eux-mêmes. Dans la nouvelle, au contraire, Martin, excédé par les outrances de Grandgil, finissait par le tuer. Bien entendu, cette transformation de la fin de l'histoire était des plus significatives. Pour Autant-Lara, la liberté de l'individu-Grandgil doit être sans limites et l'environnement historique, aussi néfaste soit-il, ne saurait la contraindre. C'est par l'anarchie et par le défi qu'il affirme sa primauté sur l'Histoire. L'individu existe, indépendamment des systèmes, des idéologies et des déterminismes sociaux ou historiques. L'Occupation doit seulement être vue comme un des multiples aléas auxquels l'Histoire confronte les hommes, à intervalles plus ou moins réguliers. Il leur appartient dès lors d'exprimer la force qui leur permettra de s'en accommoder.

Martin suscite, pour sa part, davantage de réserves. Se rendant tour à tour coupable d'opportunisme, d'hypocrisie et de couardise, le personnage immortalisé par Bourvil allie la tragédie au dérisoire et au pitoyable. Au final, son ambiguïté est plus profonde que celle de Grandgil. Ce cochon en morceaux engage son existence entière et, de ce fait, Martin participe beaucoup plus viscéralement à cette « aventure » que Grandgil. Il est l'homme nu, réduit à quelques bassesses, mais résolu à survivre, guidé par ses instincts, désespérément humain et, à ce titre, digne de respect malgré tout. C'est lui qui paie le prix des écarts de conduite de Grandgil. Il n'y a pas de place pour le jeu dans son existence. Il ne bénéficie d'aucune protection, d'aucune échappatoire et c'est à lui que le scénario ménage une fin héroïque. S'il ne délivre aucun message et ne véhicule aucune morale, il n'en est pas moins une incarnation de l'homme simple, aux prises avec un destin que l'Histoire rend tragique. Nous avons déjà dit que Bourvil savait mieux que tout autre exprimer cette forme de détresse et d'impuissance, car sa prudence et sa veulerie n'étaient jamais tout à fait méprisables. *La Traversée de Paris* est le film qui lui permit de poser le personnage qu'il développerait ensuite avec une réussite parfois plus contestable, cet alliage de faiblesse et de ténacité dans lequel on peut aussi voir une revendication d'existence face aux grands désordres qui broient les individus.

L'adaptation que fit Michel Boisrond du *Chemin des écoliers*, cinq ans plus tard, n'avait certainement pas la même force, mais elle offrait de nouveau à Bourvil une occasion d'incarner un Français moyen – médiocre même, si l'on y tient – tout en le parant d'une indiscutable grandeur d'âme. Monsieur Michaud est un père de famille honnête, scrupuleux et timoré, quelque peu anémié par la monotonie de son existence familiale et professionnelle. Il semble totalement démuni face à la situation de son pays et face aux agissements coupables de son fils Antoine (Alain Delon), qui entretient – grâce au marché noir – une jeune maîtresse oisive dont le mari est prisonnier. Pour échapper à la réprobation de son père, le jeune Antoine n'hésite pas à le compromettre en le poussant dans les bras d'une hôtesse de bar. Personne ne sort vraiment indemne de ces piteuses tribulations et les « misérables petits tas de secrets » se remettent en place avec plus ou moins de difficultés. Atteint dans son amour-propre et son intégrité morale, Michaud-Bourvil touche au pathétique, un pathétique modeste toutefois, à la mesure d'un individu dépassé par un contexte historique, social et personnel devenu beaucoup trop instable pour lui. Certes, c'est l'Occupation vue par le petit bout de la lorgnette (le reproche en avait déjà été fait à Marcel Aymé) mais, quoi que l'on pût en penser, à travers ces films, l'individu reprenait dans l'Histoire le rôle que lui avaient confisqué les affrontements politiques et idéologiques. Il n'était plus que le porte-parole de lui-même, tantôt sur le mode tonitruant choisi par Grandgil, tantôt sur un mode plus intimiste et introverti, comme Martin ou Michaud. Avec plus ou moins de discrétion et d'humilité, ces personnages proposaient un discours encore inédit sur les années sombres de l'Occupation, le discours des sans-grade, ballottés par le séisme historique qui les frappait. *Fortunat*, déjà évoqué, s'inscrivait dans le même mouvement qui voyait une nouvelle fois un « petit » s'en sortir avec les honneurs.

Cette renaissance de l'individu pouvait aussi s'exprimer dans le registre de l'action et du courage. La démonstration en était faite par Robert Bresson avec *Un condamné à mort s'est échappé*. En 1956, pendant que Jean Gabin éructait sur les plateaux d'Autant-Lara, Bresson retraçait fidèlement l'évasion du lieutenant Fontaine, résistant emprisonné au fort de Montluc. Cette histoire se basait sur des événements réels et sur le récit qu'en avait fait le principal protagoniste, le lieutenant Devigny. Sans ornements, comme Bresson le précise en tête de film, c'est la reconstruction d'un individu qui nous est donnée à méditer. Le dénuement de la cellule où il est jeté figure le point zéro d'une « aventure psychologique » qui le verra parvenir à ses fins à force de volonté et de rigueur morale. Toute son énergie physique et intellectuelle est mise au service de son évasion, motivée par un refus viscéral, le refus de subir. Son combat n'est pas défini comme politique et le contexte historique est juste suggéré. C'est d'une ascèse qu'il s'agit et, malgré son austérité, le message transmis par le lieutenant Fontaine prend une résonance universelle. Exaltation d'une résistance totale, essentielle, d'une volonté vitale de ne pas se soumettre, ce film exigeant et – ce qui n'est pas le moindre des paradoxes – extrêmement démonstratif, signifiait le retour en force du facteur humain dans la restitution cinématographique des années de guerre.

Il conviendrait enfin de se demander dans quelle mesure, la fièvre résistantialiste étant passée, les femmes participèrent à ce retour de l'individu dans la vision que le cinéma donnait de la

France occupée. En 1959, *Marie-Octobre* de Julien Duvivier faisait d'une femme le personnage central d'une pièce de théâtre filmée reconstituant dans un huis clos, quinze ans après la guerre, un réseau de résistance. Le chef en avait été abattu par les Allemands à la suite de la trahison d'un des membres du groupe. C'est Marie-Hélène Dumoulin, dite Marie-Octobre (Danièle Darrieux) qui l'apprenant plus tard, par hasard, prit la décision de convoquer ses anciens compagnons. Le coupable est finalement démasqué à la suite de débats qui mettent en jeu – non sans cruauté – le passé et le présent de tous les protagonistes. Des facteurs d'ordre personnel, idéologique et même sentimental, sont mis en avant pour justifier les positions de chacun. En conséquence de quoi, la linéarité des parcours qui menaient à faire le choix de la Résistance est fortement démythifiée. Cette catharsis accomplie, Marie-Octobre exécute froidement le coupable. Le personnage féminin, élément central du film, est le catalyseur d'une situation qui conteste les approches les mieux admises et les plus édifiantes de l'Occupation et de la Résistance. Personnage symbolique, Marie-Octobre paraît très isolée dans le paysage cinématographique d'après-guerre.

Il faudra attendre 1969 et *L'Armée des ombres* de Jean-Pierre Melville pour voir Simone Signoret incarner Mathilde, autre personnage très fort de résistante, puis 1985, avec *Blanche et Marie* de Jacques Renard, pour que l'engagement dans l'action clandestine soit saisi sous un angle spécifiquement féminin. Avant cela, c'est par les marges que les femmes s'étaient introduites sur la scène si peu accueillante pour elles de la France occupée.

Outre *Le Jour et l'heure* et le personnage de Thérèse tardivement et fortuitement compromise, deux films proposent des portraits de femmes qui ne sont en rien des symboles, mais pour lesquelles la guerre – avec les choix de vie qu'elle impose – constitue le douloureux révélateur d'une condition féminine dont elle accentue la précarité. *Léon Morin, prêtre*, second des trois films consacrés à l'Occupation par Jean-Pierre Melville, retrace la rencontre d'une femme (Emmanuelle Riva) et d'un jeune abbé (Jean-Paul Belmondo). Veuve précoce d'un Juif communiste, Barny subsiste comme elle le peut dans une petite ville de la zone sud, d'abord contrôlée de manière folklorique et légère par les Italiens, puis de façon plus sérieuse par les Allemands. Elle se montre totalement indifférente à la situation historique jusqu'à ce que celle-ci interfère avec sa vie. La crise mystique qui s'empare de cette farouche militante de l'athéisme et son sentiment amoureux pour le prêtre trouvent en effet en elle un terrain que les renoncements imposés par l'époque ont rendu favorable. En 1961, Melville portait témoignage de la grande solitude des femmes pendant la guerre et des errements auxquels elles pouvaient être conduites. *Léon Morin, prêtre* est peut-être le seul film qui ait choisi de lier une quête spirituelle et l'expression d'intenses frustrations sexuelles et émotionnelles au contexte moralement destructeur de l'Occupation et du vichysme. C'est par ce biais quasi psychanalytique que Barny accède à une véritable conscience politique et qu'elle condamne sévèrement l'une de ses collègues de travail qui justifie la Collaboration. De même, c'est l'atmosphère oppressante de la guerre, si propice aux inhibitions, qui rend crédible le processus de cristallisation amoureuse et érotique – aussi improbable qu'irrépressible – qui s'accomplit en elle. Beaucoup plus qu'une simple toile de fond, l'Occupation est un élément constitutif du scénario, et *Léon Morin, prêtre* est assurément le film de Melville qui suggère cette période de la manière la plus subtile et la plus originale.

Période pénible à bien des égards pour le beau sexe, ce n'est pas Claude Chabrol qui nous démentira. En 1988, avec *Une affaire de femmes*, il place en « situation d'Occupation » le personnage de Marie (Isabelle Huppert), expression vivante d'une misère matérielle, culturelle et morale que le sinistre décor de la France de Vichy rend plus désespérante encore. Entièrement mobilisée par des instincts de survie qu'aucun scrupule n'entrave, Marie se laisse entraîner dans une « carrière » d'avorteuse qui la conduit rapidement vers l'échafaud. Elle est la victime expiatoire d'un complot ourdi contre les femmes par l'appareil d'État pétainiste – gardien d'un ordre moral fondamentalement misogyne – avec la complicité des hommes (c'est son mari qui la dénonce parce qu'elle le trompe). Dans un contexte de compromission et de lâcheté généralisée, Marie – avec son cynisme et son individualisme provocant – est condamnée parce qu'elle reflète trop crûment l'amoralité de ceux qui la jugent et du régime dont ils se réclament. *Vae victis* et malheur à celles qui se sont trompées d'époque, celle de l'Occupation ayant certainement été l'une des moins bienveillantes pour les libérations personnelles, a fortiori lorsqu'elles concernaient des femmes.

III

ECCE HOMO GERMANICUS

Après avoir échappé de justesse à un démantè-
lement complet au lendemain de la guerre, l'Allemagne reprend progressivement son rang dans le
concert des nations durant les années cinquante.
Les accords de Paris d'octobre 1954 prennent
effet en mai 1955 et mettent fin au régime d'occupation. La République Fédérale est reconnue
comme un État souverain et, forte de cette indépendance restaurée, elle intègre pleinement le
monde occidental, aussi bien sur le plan économique que politique ou militaire (acceptation de
la C.E.C.A. par le Bundestag et entrée dans
l'O.T.A.N. en 1955). À ce « miracle » si souvent
salué allait s'ajouter une autre métamorphose,
peut-être moins spectaculaire mais non sans
importance cependant.

Après avoir confiné pendant quelques années
l'Allemand dans un rôle de soldat occupant, obtus,
cruel, partagé entre le fanatisme et une raideur
toute prussienne, les cinéastes français qui déci-
dent de se pencher sur la période 40-44 se laissent
peu à peu gagner par l'indulgence. Indulgence
toute relative dans un premier temps, puis de plus
en plus expressive à l'égard de cet encombrant

37

voisin que l'histoire récente avait érigé au rang d'ennemi privilégié et quasi obsessionnel. De fait, les efforts manifestés outre-Rhin par une nation œuvrant à retrouver son honorabilité dans la démocratie, la volonté de réconciliation prévalant dans les milieux politiques respectifs, la qualité de la relation de Gaulle-Adenauer et le point d'orgue du traité d'amitié et de coopération franco-allemande de 1963, ne pouvaient rester longtemps sans transcription cinématographique. Nous allons tenter de retracer quelques étapes marquantes de ce rapprochement et de cette reconnaissance d'humanité témoignée envers un peuple en quête de rédemption.

De ce point de vue, *Le Silence de la mer* de Jean-Pierre Melville, adaptation du célèbre roman de Roger Vercors, livre culte de la Résistance, était assurément un film précurseur. Précurseur et paradoxal car, tout en se montrant d'une fidélité pointilleuse au titre de référence, Melville n'en élargissait pas moins significativement le champ des interprétations. Rappelons l'histoire : un officier allemand, Werner von Ebrennac, réquisitionne une chambre chez un homme âgé qui vit avec sa nièce. Tous les soirs, se réchauffant au feu de cheminée avant de regagner ses appartements, il exalte – devant des hôtes obstinément muets – la Collaboration franco-allemande. Francophile aussi cultivé qu'inconditionnel, admirateur des peintres et des poètes français, il se lance dans une entreprise de séduction intellectuelle très convaincante qui finit par troubler la jeune femme. Une permission passée à Paris et quelques échanges avec ses « collègues » nazis lui font cependant prendre douloureusement conscience du caractère utopique de ses vues et, résigné à la barbarie, il se porte volontaire pour le front russe.

Il serait sans nul doute excessif et très préma-
turé de voir dans ce film de 1949 un appel à la
réconciliation. Telle n'avait d'ailleurs certainement pas été l'intention de Vercors (surtout en
1941 !) mais on peut néanmoins considérer que
Melville fut le premier à avoir représenté un allemand sous un aspect nettement positif. La
réflexion proposée s'écartait en effet du manichéisme qu'imposait le contexte idéologique de
l'après-guerre, tout comme la pudeur et la retenue
de la mise en scène tranchait avec la sensibilité
beaucoup plus démonstrative de l'époque. On est
même en droit d'estimer que la mise en valeur de
l'officier allemand est largement accentuée par
rapport au roman. S'il était évident que le texte de
Vercors devait être perçu comme une mise en
garde contre le discours de la Collaboration, à
plus forte raison lorsque celui-ci était brillamment
tenu, Melville, en revanche cédait visiblement à
une certaine fascination pour son personnage.
Fréquemment filmé en contre-plongée, Werner
von Ebrennac dominait de sa stature physique,
morale et intellectuelle des hôtes assis et murés
dans un mutisme qui finissait par leur peser et
presque par les déprécier. Alors que Vercors faisait de ce silence l'expression même de leur refus
et de leur honneur, Melville y laissait deviner une
gêne et une certaine forme de soumission. L'interprétation magistrale d'Howard Vernon aidant,
Le Silence de la mer donnait le signal – bien avant
que le moment n'en fût vraiment venu – d'une
réhabilitation possible d'Allemands que le
nazisme avait échoué à corrompre.

La réconciliation allait attendre encore une
décennie avant de se confirmer plus explicitement
sur les écrans, épousant de la sorte étroitement
le rapprochement politique évoqué plus haut.

Certes, *Un Taxi pour Tobrouk* (1961) était d'abord un prétexte pour que le scénariste-dialoguiste Michel Audiard pût laisser libre cours à un antimilitarisme féroce et à un dégoût sans concessions pour ces affrontements que les hommes ne peuvent s'empêcher de mettre périodiquement en scène. Mais la véritable originalité de ce film très « qualité française » de Denys de la Patellière se trouvait assurément ailleurs. Le parcours erratique de quatre soldats des Forces Françaises Libres, isolés dans le désert libyen à la suite d'une opération pas franchement réussie, ne prenait sens que par les révélations qu'il apportait sur les individus. Placé en situation de détresse, ce commando s'affranchissait en effet très vite des contraintes hiérarchiques normalement en usage et mettait au jour des personnalités plus riches et plus complexes que les productions de ce genre n'avaient coutume de le faire.

La capture fortuite d'un officier allemand par nos quatre héros débandés apportait au film une tonalité encore plus inhabituelle. Après quelques péripéties et embûches inhérentes à l'état de guerre et à la gent militaire, il devenait rapidement manifeste que ce capitaine Ludwig von Stegel était un type « bien », aussi irréprochable dans son rôle d'adversaire honorable et intègre que le bel Hardy Krüger qui l'incarnait aurait pu l'être dans celui du gendre idéal (nous retrouverons bientôt cet acteur séduisant comme figure archétypale et idéalisée de l'Allemand tel que les Français eussent aimé le rencontrer). Seul Charles Aznavour (Samuel Goldmann dans le film) était fondé à émettre quelques réserves sur le compte de ce sympathique ennemi mais l'impression qui l'emportait au final était sans conteste celle qu'exprimait Maurice Biraud : « À la guerre, on devrait toujours tuer les gens avant de les connaître. » Une mort absurde, « bavure » due à une méprise portant sur les uniformes, concluait le film en mêlant le prisonnier à trois de ses accompagnateurs. La fraternisation était largement opérée.

On pouvait remarquer qu'après *Le Silence de la mer*, il semblait décidément qu'il fût préférable de choisir l'Allemand dans l'aristocratie militaire si l'on voulait le rendre fréquentable. Il n'en était pas moins établi que le socle franco-allemand sur lequel s'appuyait la construction européenne en gestation retrouvait dans les mentalités une réalité qui légitimait sa traduction politique. Le Général de Gaulle se ferait l'interprète le plus zélé de cette tendance en confiant à Alain Peyrefitte : « L'essentiel est que les deux peuples, dans leurs profondeurs, exorcisent les démons du passé ; qu'ils comprennent maintenant qu'ils doivent s'unir pour toujours. Ça ne doit pas être cantonné au niveau des hommes politiques. Ça doit colorer dorénavant les sentiments populaires. » *Un Taxi pour Tobrouk* était-il rien d'autre qu'un bon exemple de cinéma populaire ?

Des sables de Libye aux rives du Mékong, autorisons nous une petite escapade hors Seconde Guerre mondiale. En 1964, Pierre Schœndœrffer s'offrait un douloureux flash-back d'une décennie et décrivait le repli d'une section locale formée d'une quarantaine de Laotiens et de quatre officiers européens. Le désastre subi au même moment par l'armée française dans la cuvette de Diên-Biên-Phu rendait totalement dérisoires les efforts surhumains qu'accomplissaient ces hommes pour survivre dans des conditions extrêmement pénibles. Cette précarité était en revanche propice à l'expression de sentiments de solidarité très forts. De fait, la fraternité des armes est, avec

41

la nostalgie de l'Empire colonial, le grand thème de *La 317ème section*.

Il se trouvait que l'adjudant Willsdorf (Bruno Cremer) – infatigable baroudeur et mercenaire rompu aux guerres perdues – était un Alsacien, un « malgré nous » qui avait combattu dix ans plus tôt sur le front russe, dans les rangs de la Wehrmacht. Mobilisé par le IIIe Reich, il n'avait pas vraiment eu de questions à se poser. Ses antécédents le définissaient davantage comme Allemand que comme Français (le noir et blanc volontairement utilisé suggérant une confusion des uniformes). En montrant la résistance acharnée – à la fois vaine et méthodique – qui était la sienne dans le contexte délétère de la débâcle d'Indochine, en mêlant ses souffrances à celles de ses camarades de combat, Schœndœrffer apportait subtilement sa pierre à l'œuvre de réconciliation avec l'Allemagne et, par là même, une caution militaire indispensable. Si l'on n'envisageait pas encore une armée commune, *La 317ème section* en proposait l'idée d'une manière quasi subliminale.

Revenons en France occupée, dans le Jura plus précisément, sur la lisière d'un pays coupé en deux, où Claude Chabrol, en 1966, situe l'action d'un film échappant totalement aux principes de la « nouvelle vague » dont il était pourtant l'un des principaux représentants (on put même voir dans ce film ce que l'on a coutume d'appeler une « commande »). *La Ligne de démarcation* sera d'ailleurs à ce titre l'une des œuvres dont Chabrol se réclamera le moins par la suite, alors qu'il y a pourtant des éléments extrêmement significatifs dans cette histoire objectivement assez banale d'un parachutiste anglais se retrouvant du mauvais côté de la ligne et suscitant une mobilisation aussi sincère que totale des habitants du village pour le dissimuler aux autorités d'occupation. De fait, on ne trouva rien de novateur à cette description plutôt complaisante d'une population française solidaire et unanime dans sa générosité et sa volonté de résistance (certains critiques allèrent jusqu'à parler de « cinéma gaulliste »), mais l'attention est tout de même attirée par une approche résolument nouvelle de l'occupant.

Quelles étaient, en effet, les représentations du IIIᵉ Reich dans cette bourgade jurassienne ? En premier lieu, un officier de la Wehrmacht, le major von Pritsch (décidément !), sorte de personnification de l'Allemagne « réelle ». Respectueux des habitants – hormis un mépris justifié pour le mouchard de service –, sensible à la dignité des vaincus, fidèle à un code d'honneur militaire sans frontières, soucieux de l'application des lois internationales, cet adversaire tout à fait estimable n'est pas sans évoquer – la morgue et la suffisance aristocratique en moins – le commandant von Rauffenstein, immortalisé par Erich von Stroheim dans *La Grande Illusion*. La relative bonhomie du personnage ajoutait à la bienveillance qu'il pouvait provoquer chez le spectateur.

En concurrence avec ce « bon » major officiait la Gestapo, émanation diabolique du nazisme, cette idéologie barbare sans connotation nationale nettement marquée. On pouvait presque considérer que l'Allemagne n'était pas véritablement impliquée par les agissements de cette « bête immonde », surgie d'on ne savait où et dépourvue de racines culturelles définies. À contrecœur, le major von Pritsch devait finalement céder aux exigences exécrables de la police politique, signifiant ainsi la soumission à laquelle avait dû se résigner l'Allemagne « éternelle ».

Comme on peut en juger, de ce point de vue, ce film, souvent méprisé des cinéphiles pour cause de conformisme idéologique n'est surtout pas dépourvu d'intérêt. Il reste un témoignage des plus révélateurs sur l'évolution de l'image de l'Allemand au cours des années soixante.

Parvenu en cette année 1966, il serait difficile de passer sous silence le phénoménal succès rencontré par *La Grande Vadrouille* de Gérard Oury. Cette pochade, aujourd'hui intégrée au patrimoine cinématographique national, ne brillait pourtant pas par son audace. Louis de Funès et Bourvil, dont l'association constituait le support et le prétexte du film, y cautionnaient une vision aussi rassurante que convenable de la France occupée. D'un scénario peu suspect de subtilité, il ressortait que, lorsque la situation l'exige, les Français savent oublier ce qui les sépare et reconnaître leur devoir, à commencer par Stanislas Lefort, teigneux chef d'orchestre imbu de lui-même, et Augustin Bouvet, brave peintre en bâtiment plutôt benêt. Aussi différents que complémentaires, ils surmontent toutes les difficultés et délivrent un message dont l'optimisme s'accordait très bien avec l'euphorie des « trente glorieuses ».

Nous remarquerons d'abord que, plus de vingt ans après les événements, et bien que Gérard Oury fût Juif, le problème de ses coreligionnaires était encore totalement absent du tableau qu'il proposait de la période (il faudrait attendre 1982 et *L'As des as* pour qu'il s'emploie à combler cette lacune). Nous constaterons aussi que, parmi tous les stéréotypes véhiculés par ce film (Français malin et débrouillard quoiqu'un peu pleutre, Anglais dédaigneux et excentrique…) la caricature proposée de l'Allemand manquait par trop de finesse pour modifier la perception que les spectateurs en avaient. Bien au contraire, le spectacle de soldats hyperdisciplinés et robotisés ne faisait que renforcer les clichés encore largement en vigueur. Tout juste pouvait-on alléguer qu'en ridiculisant l'ennemi on contribue parfois à l'humaniser. Il n'en demeure pas moins certain que l'on y parvenait encore beaucoup mieux lorsqu'on s'appelait Chaplin ou Lubitsch.

Pour compléter cette approche novatrice de l'Occupation qui consistait à la restituer sur le mode comique, il convient de rappeler que le terrain de la comédie avait été préparé juste avant que *La Grande Vadrouille* ne vînt s'y ébattre pesamment. *La Vie de château* de Jean-Paul Rappeneau et *Martin soldat* de Michel Deville avaient en effet, au début de cette même année 1966, également brodé sur le thème du héros malgré lui et sur celui de la « roublardise » française. Ces deux films proposaient une image de l'Allemand qui regagnait partiellement en humanité ce qu'elle perdait en valeur militaire. Ils prenaient plaisir à dérégler le beau mécanisme germanique, à le faire tourner à vide et devenir inefficace, presque inoffensif. Dans *La Vie de château*, l'Allemand, sous la forme d'un jeune commandant, entre même dans une rivalité amoureuse avec un résistant français. La belle Marie (Catherine Deneuve) – que sa vie de châtelaine laisse insatisfaite – ne combat que son désœuvrement, mais, en se jouant des sentiments de l'officier Klopstock, elle apporte sa contribution à la « reconquête du territoire », pendant que son mari Jérôme (Philippe Noiret) témoigne d'un tempérament de résistant que l'on n'avait guère soupçonné jusque-là. Le propos est badin et la démonstration légère, mais l'Allemand est touchant par sa balourdise. N'était-ce le contexte de guerre, *La Vie de château* en eût fait un prétendant presque convenable.

Dernier exemple du retour de l'Allemand dans la communauté des hommes, tel que le cinéma des années 60 le mettait en scène : *Le Franciscain de Bourges* (1968). Venant après la parenthèse commerciale qu'avait copieusement remplie *La Grande Vadrouille*, le film d'Autant-Lara concluait une période marquée par la remise en perspective de l'occupant. Que ce soit Claude Autant-Lara – porteur de la réputation sulfureuse que lui avaient principalement valu *Le Diable au corps* et *La Traversée de Paris* – qui ait décidé de « s'atteler » à l'hagiographie d'Alfred Stanke, aumônier allemand de la prison du Bordiot, à Bourges, pendant la période la plus sinistre de la répression des mouvements de Résistance locale, voilà qui pouvait surprendre. La production d'Autant-Lara présenta cependant suffisamment de méandres pour que l'on puisse penser que cette illustration du « Livre des Saints » correspondait à une phase consensuelle de cet imprécateur invétéré.[1] En revanche, que l'on ait fait reprendre du service à Hardy Krüger, image instituée de l'Allemagne « à visage humain », pour interpréter cet

---

1. Qui se penchera une dernière fois sur l'Occupation en 1969, avec *Les Patates*, fable tragi-comique contant les mésaventures d'un ouvrier de fonderie, Clovis Parizet (Pierre Perret), confronté avec sa famille aux pénuries alimentaires causées par le statut de « zone interdite » que connaissaient les Ardennes. Après la parenthèse « noble » qu'avait constituée *Le Franciscain de Bourges*, Autant-Lara reprenait la perspective la plus modeste, celle de la survie quotidienne et des petites combines, en portant l'éclairage sur un simple, un laborieux, un de ceux qui ne tentent même pas d'imprimer leur marque sur l'Histoire dans laquelle ils sont plongés. Pas de perversité cette fois, Clovis était dépourvu des ambiguïtés qui avaient donné leur force à Grandgil et à Martin. Le public et la critique ne s'y trompèrent pas : malgré la sensibilité certaine de cette chronique, elle n'ajouta rien à la notoriété de son réalisateur.

homme de foi saisi par l'urgence de sa mission ter-
restre et apportant tout le réconfort possible aux
suppliciés berruyers, voilà qui cadrait parfaitement avec la logique sous-tendant ce film « à montrer dans toutes les écoles ». Une réplique du personnage principal suffit à illustrer parfaitement
l'optique souhaitée. Alors que les troupes allemandes quittent la ville en catastrophe, des amis
français (et résistants) tentent de convaincre le
franciscain de rester avec eux à Bourges, lui garan-
tissant la sécurité en même temps que leur reconnaissance. Alfred leur répond simplement, en dési-
gnant ses compatriotes en déroute : « Maintenant,
ce sont eux qui ont besoin de moi. » L'absolution
était donnée. Cette inversion des rôles restituait
définitivement à l'Allemagne son humanité un
moment égarée. Par son martyre et par l'interces-
sion d'un personnage hors du commun, elle pouvait rejoindre le cercle des nations civilisées.
Quelques années avant que le chancelier Willy
Brandt n'aille s'agenouiller devant le mémorial
d'Auschwitz, l'évocation d'Alfred Stanke avait
imposé le pardon des atrocités commises par ses
compatriotes.

Une page chargée se tournait. Paradoxalement, après avoir retrouvé une identité suffisamment estimable, l'uniforme vert-de-gris commença
à s'estomper, jusqu'à disparaître presque totalement des écrans français. Les révélations faites
sur la réalité du régime de Vichy par l'historien
américain Robert Paxton, la réapparition de
quelques « fantômes » déplaisants que l'on pensait
irréversiblement enfouis dans les « poubelles de
l'Histoire » (Touvier, Barbie, Darquier de Pellepoix, Bousquet), la tentative savamment orches-
trée d'autojustification du président Mitterrand
quant à son épisode vichyste, l'interminable

agonie morale de Robert Papon furent autant de phénomènes qui installèrent sur la scène politico-médiatique un débat spécifiquement franco-français. L'Allemand n'était plus qu'un élément de décor à même d'authentifier des affrontements idéologiques strictement hexagonaux auxquels le cinéma offrit, à de nombreuses reprises, une caisse de résonance appréciable. Ce changement de cap fut extrêmement sensible à partir des années 70. Une génération était passée et l'Occupation nécessitait parfois une reconstruction mentale qui relevait du phantasme (dans le domaine roma-nesque, cette tendance était notamment illustrée par Patrick Modiano). La contestation de 68 avait également imprimé sa marque insolente sur la vision des années noires, levant bien des silences et des tabous. Avant d'appréhender ce tournant majeur, nous nous attarderons sur quelques signes précurseurs, déjà perceptibles dans certains films du début des années 60.

IV

CINQ ANS APRÈS

Il aurait été difficilement concevable que les cinéastes français ignorent ceux de leurs compatriotes qui avaient vécu ces années d'humiliation dans la captivité et dans l'exil. Réduits à l'indignité d'une oisiveté forcée ou d'une besogne imposée par le vainqueur, les prisonniers pouvaient en effet être considérés comme l'exemple le plus éloquent des contraintes auxquelles la débâcle de Juin 1940 avait assujetti les Français. Il n'est pas douteux non plus que le succès rencontré avant-guerre par *La Grande Illusion* constituait une incitation terriblement tentante à reproduire une situation au caractère dramatique incontestable, situation extrêmement propice de surcroît à une analyse approfondie des comportements. Un élément supplémentaire, également très porteur, allait s'ajouter aux différentes évocations de la captivité, celui du retour au pays. Qui, plus que les prisonniers, avait une légitimité pour porter un regard désengagé sur cette France déchue par quatre années d'occupation étrangère et réhabilitée in extremis par un génial tour de passe-passe de l'homme du 18 Juin ? Qui, plus que les prisonniers, victimes expiatoires de la défaite, pouvait exprimer l'amertume d'un pays vaincu, ajoutant même à cette amertume la frustration de n'avoir pu participer au sursaut final et de s'être ainsi construit, à la hâte, une petite légende de résistance personnelle ? C'est à travers le regard des prisonniers qu'était censé être jeté l'éclairage le plus critique et le plus objectif sur la France libérée.

Le premier film à sketches du cinéma français, *Retour à la vie*, consacrait cinq scénarios (dont trois de Charles Spaak) au retour des prisonniers. À une exception près, les histoires proposées sont d'une noirceur et d'une férocité finalement assez logiques pour un film tourné en 1949, dans un contexte de privations, de corruption, de règlements de comptes et d'incertitudes internationales.

La captivité a été pour Louis (Serge Reggiani) un temps de réflexion. Ce jeune paysan laborieux a profité d'un désœuvrement inhabituel pour conclure à l'absurdité de cette guerre dont il a été immédiatement exclu. Ramenant avec lui, dans son village, une jeune épouse allemande, il se heurte au ressentiment de la population et à une farouche « résistance » d'après-guerre. Il réalise que son exil involontaire et sa non-implication dans les années de l'Occupation ne suffisent pas à le disculper des souffrances subies. Il doit également admettre qu'on ne lui reconnaît aucun droit à prêcher la tolérance et la réconciliation. Sa grandeur d'âme n'est pas de mise. Les prisonniers peuvent éventuellement prétendre au statut de victimes, à la seule condition qu'ils sachent se faire suffisamment discrets et qu'ils ne contreviennent en rien aux préjugés et aux haines qui se sont forgés en leur absence. La société qu'ils retrouvent a modifié ses règles et ses usages. Elle n'est assurément pas disposée à se laisser juger par des absents qu'elle ne peut s'empêcher de considérer comme légèrement suspects, à une époque où le simple fait d'avoir survécu s'apparente à un privilège. C'est à ce constat cruel qu'incite *Le Retour de Louis*, malgré un happy end plus ou moins convaincant.

Deuxième sketch de Jean Dréville, *Le Retour de René* était prétexte à une charge ironique contre les « résistants-profiteurs » de la dernière heure, tel ce relogé qui a « failli être blessé à Wagram » lorsqu'il a « libéré » la station de métro, une heure avant l'arrivée de la 2ème D.B. Pendant ce temps, le pauvre René (Noël-Noël) apprend que sa femme ne l'a pas attendu, que son appartement est réquisitionné par une famille de réfugiés du Havre, et il doit se résoudre à faire l'objet d'une pantomime patriotique au motif qu'il est le 1 500 000ème prisonnier libéré. Personnage plutôt bonhomme, il observe avec un stoïcisme certain cette France déboussolée et les gesticulations ridicules d'officiels en quête de respectabilité.

Nulle trace d'optimisme en revanche chez André Cayatte et Henri-Georges Clouzot qui signent respectivement *Le Retour d'Emma* et *Le Retour de Jean*. Cayatte fut d'ailleurs le premier à évoquer la déportation au cinéma à travers le personnage d'Emma, fantôme épuisé en provenance de Dachau. Un misérable ballet s'organise autour de la rescapée, mené par une famille avide qu'une perspective d'héritage suffit à exciter. Le long monologue faussement attentionné d'un neveu (Bernard Blier) désireux d'obtenir de la moribonde les signatures nécessaires constitue à lui seul une synthèse des ambiguïtés et des hypocrisies dont la France d'après-guerre entourait les déportés. Ignoble mélange de culpabilité hargneuse, de rancœur inavouée et de compassion feinte, l'accueil réservé aux martyrs des camps traduisait la gêne d'une nation qui aurait souhaité cautionner sa passivité par les souffrances et les privations endurées. Or, le retour des déportés relativisait considérablement les tourments ordinaires. Bien involontairement, les survivants de Dachau, de Mathausen ou de Buchenwald jouaient les trouble-fêtes en perturbant les manœuvres de ceux qui avaient pensé pouvoir monnayer la moindre action « héroïque », le moindre désagrément dû à l'Occupation. D'une terrible cruauté, ce sketch posait les prémisses d'une lente introspection appelée à se développer sur plusieurs décennies. Le « panier de crabes » familial qui « veille » sur Emma était à l'image d'une société frappée de schizophrénie.

Plus cruel encore, *Le Retour de Jean* donnait à Clouzot l'occasion de préciser ses positions personnelles dans une atmosphère encore viciée par les procès en épuration. Jean (Louis Jouvet) habite une pension de famille assez sordide (les dialogues échangés lors des repas pris en commun portent la « marque » Clouzot : on y évoque cette guerre qui a été « perdue », on y confond de Gaulle et Pétain). Ancien enseignant, et surtout ancien prisonnier handicapé par une blessure, Jean s'avoue « impuissant à vivre », misanthrope et sans illusions sur lui-même. Traumatisé par ce qu'il a appris des « pratiques » de la guerre après son retour, il consacre le peu d'énergie et de volonté qui lui restent à « essayer de comprendre ». Un Allemand poursuivi par la police et grièvement blessé se réfugie dans sa chambre. Après l'avoir caché, Jean apprend qu'il s'agit d'un tortionnaire et se livre dès lors à un interrogatoire « musclé » sur ce moribond. Les rôles s'inversent. En voulant obtenir une réponse aux questions qui l'obsèdent (comment justifier la torture ? Qu'est-

ce qui peut transformer en bourreau un enseignant, père de famille qui plus est ?) Jean endosse
le costume du tortionnaire et montre à quel point
le mal est proche du bien, à quel point le mal est
ordinaire, à portée immédiate de tout un chacun,
prêt à surgir à tout moment. Sa violence et sa
haine se justifient par la culpabilité qu'il éprouve,
par l'obligation que cet Allemand et ses sembla-
bles lui ont imposée de vivre en portant en soi la
honte de l'humanité. Prenant conscience de sa
dérive et des abîmes qui l'attirent, il achève sa
victime à la morphine avant qu'elle ne soit décou-
verte. Le propos dépasse ici très largement une
simple évocation du retour des prisonniers, mais
l'expérience de la captivité donne au personnage
de Jean une profondeur et une densité que l'interprétation « hors normes » de Louis Jouvet
amplifie encore. Il est celui qui n'est pas perverti
par la guerre, celui qui a traversé une période
épouvantable sans déroger à ses principes. Pourtant, la corruption le guette et il est très près de s'y
abandonner. Il n'est guère possible de regarder ce
sketch sans faire de rapprochement avec le parcours personnel d'Henry-Georges Clouzot. On ne
saurait en effet oublier que celui-ci fut interdit
d'exercer à vie par les comités d'épuration mis en
place à la Libération (sanction rapidement réduite
à deux ans). Le cinéaste avait payé pour son
travail de scénariste-réalisateur à la Continental
(peut-être aussi pour sa liaison avec Suzy Delair,
militante peu discrète de la Collaboration ?).
Cette sanction frappait cependant plus sûrement
encore le réalisateur du *Corbeau* (1943), film
génial inspiré d'un fait divers réel (une pluie de
lettres anonymes s'abattant sur la ville de Tulle en
1922) et conçu par Clouzot comme une condamnation sans restrictions de cette détestable pra-
tique de la délation tellement répandue lors de

l'Occupation. Les épurateurs ayant décidé de n'y voir qu'un film antinational discréditant la France aux yeux des étrangers, l'auteur fut contraint en conséquence d'expier un chef-d'œuvre aussi gênant. Cette époque délicate étant traversée, *Le Retour de Jean* signifiait aussi le retour de Clouzot[2] et une manière de rappel du *Corbeau* avec une nouvelle réflexion sur la banalité du mal. Le regard d'un prisonnier ne pouvait manquer d'acuité sur un tel sujet.

Dix ans après *Retour à la vie* et cinq ans après que *Nuit et Brouillard* d'Alain Resnais eut montré de manière beaucoup plus explicite la forme géno-cidaire de la déportation, André Cayatte entre-prenait une nouvelle approche de l'Occupation à travers la description de soldats français prison-niers en Allemagne. *Le Passage du Rhin* est cepen-dant beaucoup plus qu'un film sur les prisonniers. Le scénario concentre presque tous les aspects de la guerre, de la défaite, de la captivité, de l'Occu-pation et de la Libération. L'Histoire y est en effet omniprésente, mais c'est l'expérience de la capti-vité, poutre-maîtresse du film, qui permet de mettre au jour des individus et de proposer une réflexion concrète sur la notion de liberté ainsi

---

2. Qui avait déjà, un an plus tôt, mis à profit une adaptation volontairement anachronique de *Manon Lescaut* pour dénoncer l'atmosphère d'opportunisme et de corruption dans laquelle baignait la France de l'après-guerre. FFI sur le front de Normandie lorsqu'il rencontre Manon en la sauvant d'une tonte publique, Des Grieux, fou d'amour, accorde sa déchéance à celle de son pays, pareillement désorienté par la tournure qu'avait prise le combat mené pour un monde meilleur. L'abbé Prévost y trouvait une nouvelle jeunesse et, sans rien céder dans la description de la passion amoureuse, Clouzot pouvait jeter un regard dépourvu de pitié sur les effets trop prévisibles de cette victoire qui n'en était pas une.

que sur le caractère relatif et variable de cette notion. À travers les parcours croisés de deux prisonniers, dont l'un ne souhaite que s'évader et dont l'autre, au contraire, s'installe et s'épanouit dans un village allemand – au point qu'il en devient la principale autorité au moment de la débâcle finale – Cayatte démontre qu'il appartient à chacun de s'accommoder de ses entraves personnelles et de mener sa quête libératrice. Jean et Roger, compagnons de circonstances, n'illustrent pas seulement les caprices du hasard mais la part irréductible de l'individu dans son propre destin.

Jean, journaliste, perpétuel insoumis, croit trouver la liberté dans l'évasion. Il met celle-ci à profit pour s'engager dans la Résistance dont il devient un héros, mais il s'enchaîne finalement dans les compromissions d'une liaison devenue inacceptable avec son ancienne maîtresse, trop impliquée dans la « vie parisienne » et la Collaboration. Son combat personnel est perdu. La captivité n'a été pour lui qu'une parenthèse sans signification qui ne l'a pas changé.

En revanche, l'exil forcé en Allemagne a constitué une véritable révélation pour Roger (Charles Aznavour). Grâce à cet éloignement, le timide boulanger – qui avait jusque-là obéi sans trop rechigner à la belle-famille qui l'emploie – prend conscience de son inconsistance sociale et de la vacuité sentimentale de son couple. La captivité lui ouvre les yeux sur lui-même et lui offre une émancipation dont il n'avait même pas rêvé. Devenu indispensable dans la ferme où on l'a affecté, dans sa commune d'accueil où il remplace le bourgmestre lorsque tous les hommes sont rappelés, épris d'une jeune fille que Jean a humiliée lors de sa fuite, Roger est libéré à son corps défendant par l'avancée des alliés. Après une ultime tentative de vie familiale, il décide de repasser le Rhin, volontairement cette fois, pour rejoindre une existence insoupçonnée quatre ans plus tôt. Roger a fondé sa liberté sur la bonne volonté et le respect d'autrui. La guerre et la captivité l'ont convaincu de la nécessité de la non-violence.

Malgré le systématisme et le didactisme dont Cayatte ne put jamais se défaire, il y avait dans ce film un pacifisme et un humanisme d'une sincérité peu habituelle. À l'aube des années 60, un certain recul par rapport aux événements permettait de brosser des films-fresques de ce genre en essayant de balayer le champ des comportements humains en temps de guerre. *Le Passage du Rhin* engageait le public à suivre les méandres d'une dignité parfois égarée par la souffrance ou l'asservissement mais reprenant inévitablement forme lorsque l'homme revient à lui-même, tel Jean, si habile à utiliser les femmes jusqu'à ce qu'il choisisse de se perdre pour celle qui le mérite sans doute le moins. La captivité tendait un miroir sans complaisance à ceux qui n'avaient pas réalisé qu'il n'y a de liberté qu'intérieure. Elle constituait à ce titre un cadre privilégié pour les scénaristes, une garantie de ne pas traiter l'histoire sans que l'homme n'y prenne sa place. Le Rhin figurait peut-être la frontière que tout individu porte en lui, celle au-delà de laquelle les contradictions et les opportunismes n'ont plus cours.

Presque simultanément au *Passage du Rhin*, Henri Verneuil s'inspirait d'un décor identique pour situer une fable aux ambitions vraisemblablement plus réduites mais dont le succès ne laisserait pas d'étonner : *La Vache et le prisonnier*. Le film était entièrement construit autour de Fernandel dont ce fut d'ailleurs l'unique incursion cinématographique dans cette période. En 1943, un prisonnier français, « travailleur obligatoire » dans une ferme allemande, réussit à s'évader en poussant devant lui Marguerite, une vache. Commence alors un périple truffé de rebondissements et d'incidents relativement anecdotiques mais qui témoignent de la ténacité et de la ruse dont est capable un homme simple et pacifique quand les circonstances l'élèvent au-dessus de son étiage habituel. De Munich à la frontière, en passant par Stuttgart, à travers une Allemagne meurtrie par les bombardements alliés, les deux « voyageurs » réussissent leur entreprise jusqu'à ce qu'un destin moqueur et cruel ne fasse malencontreusement reprendre à Charles un train en direction de… Stuttgart. Peu importe finalement. Cette expédition inutile a transformé et dévoilé cet individu. De toute façon, elle ne prétendait pas relever de la « grande » Histoire. Par le biais de la captivité, des hommes humbles et restés longtemps étrangers aux engagements « qui comptent » ont été conduits à s'impliquer personnellement dans la guerre, que ce soit par l'insoumission, par un attentisme pas toujours synonyme de lâcheté, ou, bien entendu, par l'évasion. Figures négligées de la Résistance, les prisonniers en devinrent souvent – par la force des choses et de manière clandestine – des membres pas nécessairement indignes. Sur ce plan du moins, *La Vache et le prisonnier* apportait une contribution intéressante à la représentation historique et cinématographique des prisonniers. Charles Bailly précédait le Fendard des *Culottes rouges*, déjà évoqué, moins bonasse et plus veule, mais parfait exemple aussi de « héros malgré lui ».

Il reviendrait à Jean Renoir de mettre le point final à ces portraits d'hommes captifs. À tout seigneur tout honneur. Il était logique que le réalisateur de *La Grande Illusion* s'intéressât aux prisonniers de la Seconde Guerre mondiale. Une adaptation très librement inspirée du *Caporal épinglé* – superbe roman de Jacques Perret – allait lui en donner l'occasion (de fait, on retrouve peu d'éléments du film dans le livre, et réciproquement). Il serait cependant trop facile et trop réducteur de ne voir dans *Le Caporal épinglé* qu'une reprise de *La Grande Illusion*. L'unité du récit a disparu pour laisser place à une série de vignettes en noir et blanc, une suite de sketches détaillant les multiples moyens utilisés par les prisonniers pour se protéger des désordres d'une histoire qu'ils n'étaient pas destinés à rencontrer. Si l'on devait à tout prix risquer le parallèle avec *La Grande Illusion*, on pourrait dire que *Le Caporal épinglé* est une *Grande Illusion* totalement dédramatisée. Pas de héros cette fois, plus de Boëldieu, de Maréchal, de von Rauffenstein (plus de monstres sacrés non plus : Fresnay, Gabin, von Stroheim ont cédé la place à de jeunes acteurs en devenir). Ni héroïsme, ni grandeur : *La Marseillaise*, Pindare et les gants blancs ont été remplacés par des problèmes de couchage et d'alimentation. La débrouille a pris le pas sur le patriotisme, l'honneur et la littérature. La majestueuse forteresse du Haut-Kœnigsbourg s'est effacée au profit d'un stalag boueux. Ce n'est même pas une guerre qui est décrite, puisque l'armistice a transformé ces prisonniers en fantômes de soldats qui se définissent d'abord comme employé de l'Électricité de France, contrôleur du métropolitain ou comme paysan traumatisé par l'exil (Jean Carmet, déjà magnifique). Il semble que leur principal souci soit de préserver un ersatz de bien-être matériel qui permette d'oublier l'humiliation et la servitude, du moins de faire comme s'ils l'oubliaient. Ballochet (Claude Rich)

58

résume le sentiment le mieux partagé : « C'est très ennuyeux d'être vaincu, ça change un tas d'habitudes. » Même l'évasion – pourtant censée être le fil conducteur du film – se trouve réduite à une sorte de formalité, une obligation morale à laquelle le caporal (Jean-Pierre Cassel) ne peut décemment pas se soustraire. Empêtrés dans leurs contradictions, les plus lucides savent que l'évasion ne leur procurera qu'une « petite illusion ». Écoutons encore Ballochet : « La liberté ne se trouve pas forcément de l'autre côté des barbelés. À Paris, je suis un esclave encore plus qu'ici, esclave de mes habitudes, de mes idées, esclave de la connerie qui mène le monde. » Tout homme transporte son stalag avec lui. L'évasion n'est peut-être qu'un moyen d'échapper provisoirement à tous ces déterminismes qui pèsent parfois si lourdement. La guerre en est un et l'on peut penser que le personnage du prisonnier doit une partie de sa fortune cinématographique au privilège qui est le sien de pouvoir affirmer l'indépendance et le libre-arbitre que chacun doit opposer aux agressions « majeures », fût-ce dans l'environnement à la fois solidaire et grégaire de la captivité. À ce titre, les portraits de prisonniers que nous venons de recenser à travers ces films des années 60 participaient évidemment aussi de la renaissance et de la « revanche » de l'individu. S'il est un personnage qui pouvait incarner l'insoumission des individus à l'Histoire et aux idéologies, c'était bien le prisonnier.

V

UN AUTRE REGARD

Balise incontournable de la seconde moitié du siècle, l'année 1968 est encadrée par deux films majeurs portant sur l'Occupation. Situés dans des perspectives radicalement différentes, *Le Vieil homme et l'enfant* (1967) et *L'Armée des ombres* (1969) affichent, malgré cela, la marque distinctive de leur époque. Tous les deux proposent, en effet, un traitement complètement renouvelé d'une page d'histoire assez récente pour rester sensible mais assez ancienne aussi pour autoriser une approche de l'Occupation et de la Résistance plus critique que ce qui avait été entrepris jusque-là. La grande repentance « à la française » restait à venir, et table rase n'avait pas encore été faite de l'historiographie instituée (*Le Chagrin et la Pitié* sonnerait un peu plus tard l'hallali de la vision d'une France globalement résistante qu'avait imposée le consensus « gaullo-communiste »). Les deux films sur lesquels nous allons nous attarder n'en donnent pas moins à penser que les esprits se préparaient activement à un bouleversement des repères et des valeurs. De fait, une relecture était réclamée, non sans virulence, par une jeunesse qu'excédait l'obligation où elle se trouvait de placer ses pas dans les traces laissées par ses prédécesseurs. Au milieu des années 60, le recul historique et la multiplication des témoignages commençaient déjà à rendre très contestables l'autorité et la respectabilité des générations antérieures. Les manuels d'histoire avaient souvent menti, à tout le moins par omission. Il eût été inconcevable que le cinéma ne figurât pas en première ligne de cette reconstruction de l'image nationale, moins édifiante qu'on ne l'eût souhaité peut-être, mais assurément plus conforme à la réalité.

Les spectateurs attentifs de *La Ligne de démarcation* avaient pu reconnaître Claude Berri (Claude Langmann, de son vrai nom) dans le rôle d'un père de famille juif, odieusement abusé par un « passeur » malhonnête. Cet épisode constituait d'ailleurs l'une des premières allusions marquées que le cinéma français ait faite au sort tragique des Juifs durant l'Occupation (on mentionnera également, pour être tout à fait exact, le rôle un peu plus conséquent qu'Alex Joffé avait réservé à une famille juive dans *Fortunat*). Peut-être Claude Berri avait-il souhaité annoncer de cette manière la sortie du *Vieil homme et l'enfant* qu'il allait réaliser l'année suivante ? Film-choc à bien des égards, film bouleversant et considérable quant à son apport dans l'évolution des mentalités et de la restitution de cette période.

Pour la première fois, un scénario était entièrement construit autour d'un personnage juif (en l'occurrence l'enfant). Pour la première fois aussi, l'Occupation était appréhendée à travers la situation que le Gouvernement de Vichy avait faite aux Juifs.

Autre « révolution » : le vieil homme auquel un enfant juif a été confié sans qu'il soit informé

de ce « signe distinctif » est un pétainiste inconditionnel, un antisémite invétéré, prêt à cautionner
les arguments les plus caricaturaux et même à les
reprendre à son compte. Les propos insupporta-
bles qu'il tient en toute bonne foi seraient censés
faire de lui une sorte de repoussoir. Or, il n'en est
rien. Cet ancien « poilu » a des qualités de cœur à
faire valoir, et une étonnante fraîcheur de sentiments qui trouve à s'exprimer dans cette cohabitation impromptue avec l'enfant. On ne saurait
non plus lui contester une absolue sincérité dans
sa dévotion au Maréchal. Claude Berri est le premier cinéaste à avoir osé replacer une certaine
forme de Collaboration – sans doute la moins
méprisable et la moins agissante – dans la continuité de la « Grande Guerre ». Le pétainisme est
une véritable religion pour ce couple âgé de bra-
ves provinciaux qui se souviennent avec émotion avoir vu le « vainqueur de Verdun » descen-
dre les Champs-Élysées sur un cheval blanc, lors
de la victoire de 1918. Abreuvés par les interven-
tions radiophoniques de Philippe Henriot ou de
Jean Hérold-Paquis, constamment soumis à la
propagande collaborationniste, comment, après
la débâcle de 1940, auraient-ils pu s'opposer à ce
qui leur avait paru représenter l'unique planche
de salut ? Pourquoi n'auraient-ils pas épousé la
conduite de cette province française qui avait
massivement adhéré au discours et à l'action
maréchalistes, au moins durant les deux premières années de guerre ? La figure du vieil homme
n'était-elle pas rehaussée par son obstination à
soutenir Pétain, malgré la défaite annoncée, alors
même que les revirements commençaient à se
multiplier ? Il aurait fallu beaucoup d'outrecui-
dance pour s'arroger le droit de mettre en cause
la légitimité d'un ancien combattant du Chemin
des Dames à revendiquer une allégeance défini-

tive à son idole naguère glorieuse. La vieillesse est un naufrage qu'il tenait à partager avec le personnage emblématique de toute sa vie. Les dérives criminelles auxquelles avait mené la politique de Collaboration dépassaient de toutes manières son entendement.

Dans ce film, et notamment à travers ce portrait du vieil homme, Claude Berri faisait la démonstration d'une honnêteté intellectuelle absolue et extrêmement novatrice. On doit également lui reconnaître une grande perspicacité psychologique, sociologique et historique. Jamais encore une fiction n'avait abordé avec autant de finesse et avec autant d'objectivité l'attitude de ces quarante millions de pétainistes que recenserait Henri Amouroux.

Reste à « justifier » l'antisémitisme. De toute évidence c'est en tant que phénomène « de masse » qu'il convient de le considérer. Pour excessive et obsessionnelle qu'elle paraisse, la haine des Juifs dont fait preuve ce vieil homme n'était certainement pas sans être largement ressentie par la population « occupée », y compris par ses intellectuels les plus représentatifs. La description du Juif qu'il donne à l'enfant et qui permet à celui-ci de se percevoir – non sans un certain amusement – à travers le regard des autres, peut être comprise comme une concrétisation des expositions officielles et des planches « éducatives » auxquelles l'antisémitisme d'État soumettait la nation (rappelons l'exposition *Le Juif et la France* qui s'était tenue au Palais Berlitz en septembre 1941). On ne voit vraiment pas pourquoi un patriote loyal mais arc-bouté sur ses préjugés, serviable mais totalement manipulé, aurait dû se montrer plus clairvoyant que la fine fleur de l'intelligentsia collaborationniste. Le grand-père bourru, mais finalement généreux et tendre, rendait partiellement admissible l'absolution de cette France profonde qui s'était sans doute un peu trop facilement laissé abuser par des discours dévoyés. L'utilisation de l'enfant juif à laquelle se livrait le scénario ne tombait cependant jamais dans la sensiblerie, et le piège du mélodrame était habilement évité. La force émotionnelle du film prenait corps sur une nostalgie de l'enfance accentuée par les aspects autobiographiques de l'histoire racontée. Elle se fondait également sur la fin d'un monde : le désarroi du vieil homme face à l'écroulement de Vichy saisissait au même moment un grand nombre de ceux qui avaient durablement amoindri leurs capacités de réflexion dans les tranchées de la Marne ou de l'Argonne. Plus encore peut-être, la tristesse qui saisissait le spectateur était liée au crépuscule d'un immense acteur et à la mise en scène qui en était faite. Lorsque Michel Simon, malhabile et poignant, saluait le départ de l'enfant, l'intensité de l'émotion ressentie sortait du cadre de la fiction. Le rideau se baissait superbement sur une légende du cinéma. Il devenait impossible d'oublier le personnage et son interprète.

Mobilisé à vingt ans, en 1937, Jean-Pierre Grumbach avait poursuivi son service militaire à la guerre avant de continuer celle-ci dans la clandestinité sous le pseudonyme de Jean-Pierre Melville. Résistant de la première heure, il était passé en Angleterre en 1942 et avait participé aux débarquements d'Italie et de France. Fort de cette histoire personnelle et d'une morale « gaullienne » forgée dans l'action, le cinéaste, resté fidèle à son identité de l'ombre, était logiquement enclin à revenir sur cette période. Il n'est donc pas étonnant que nous l'ayons déjà croisé à deux reprises sur ces pistes très empruntées par lesquelles le cinéma tenta, une trentaine d'années durant, de circonscrire l'évocation de l'Occupation.

Sa troisième incursion dans cette époque fondatrice fut certainement la plus profonde et la plus complexe. En 1969, quatre mois après la démission du général de Gaulle et guère plus d'un an après la contestation « générationnelle » de Mai, Jean-Pierre Melville livrait à la critique *L'Armée des ombres*, adaptation « libre » d'un livre de Joseph Kessel publié en 1943, à Alger, à l'instigation du chef de la France libre. Connaissant le goût de Melville pour la provocation et son mépris pour les conformismes de pensée, on peut considérer qu'il y avait dans ce film une forme d'hommage déjà presque anachronique à l'homme du 18 Juin et une contribution volontaire à l'image historique du personnage qui allait dès lors pouvoir se constituer, à l'écart des contingences politiciennes. Il y avait aussi un rappel à une lecture réaliste de l'histoire récente, avec ses bassesses, certes, mais aussi avec ses grandeurs anonymes et ses sacrifices que les *babyboomers* s'apprêtaient à passer par pertes et profits.

De fait, Melville n'avait pas l'âme d'un propagandiste et *L'Armée des ombres* peut être regardé comme un film d'une totale objectivité. Si le lyrisme affleure en quelques occasions, il reste contenu (la sobriété de Lino Ventura et de Paul Meurisse aidant). Le récit n'a rien d'épique, et l'héroïsme difficilement évitable dans ce contexte est toujours présenté de manière suffisamment ambivalente pour que toute forme de complaisance soit écartée. Le maître d'œuvre domine complètement la situation – Melville n'avait-il pas côtoyé les modèles de ses personnages ? –, et, malgré la noirceur du sujet, on serait tenté de dire que le film atteint à une sorte de sérénité.

L'Armée des ombres montre les agissements ordinaires d'un petit groupe de résistants entre octobre 1942 et février 1943. Assignés à des tâches de renseignement, la traque dont ils sont victimes les contraint en permanence à des préparatifs d'évasion ou à des exécutions de délateurs. Aucun ne survivra à ces situations des plus précaires où l'action résistante oscille en permanence entre la noblesse et l'infamie.

Diversement accueilli par la critique – certains ne se résignant pas à voir dans la rigueur et la gravité du ton autre chose qu'une froideur et une austérité typiquement gaullistes – ce film était cependant précurseur à différents titres. Il fut, tout d'abord, l'un des premiers à dénoncer la Collaboration d'État. En effet, à plusieurs reprises, les résistants capturés passent des mains de la police française ou de la Milice à celles de la Gestapo et des SS. Avant qu'il ne devienne une figure imposée de toute mise en scène de l'Occupation, ce tabou historique était bel et bien brisé. Autre changement de perspective : le manichéisme dont ce type de film était inévitablement empreint n'est rien moins qu'évident. S'il est relativement aisé d'identifier les « méchants », il est en revanche beaucoup plus délicat d'adhérer sans restrictions à la « morale » des résistants, ceux-ci ne pouvant être totalement assimilés à leur juste cause. Le personnage le plus présent dans la narration, Philippe Gerbier (Lino Ventura), présente ainsi plusieurs facettes. Son intégrité ne fait aucun doute, pas plus que l'élévation de ses motivations. Subjugué par le charisme de Jardie (Paul Meurisse), son chef de réseau, il peut néanmoins se révéler insensible, hautain vis-à-vis des exécutants, ingrat à l'égard de Mathilde (Simone Signoret) qui l'a sorti des griffes allemandes. Écartelé entre son honneur et le sens de la mission qui l'habite, il mourra pour conserver la dignité à laquelle il avait précédemment failli lorsque les Allemands l'avaient engagé, non sans mépris, à courir pour échapper au peloton d'exécution (scène « mythique » entre toutes). Les personnages ne se comportent d'ailleurs pas comme on l'attendrait. Luc Jardie, brillant intellectuel, se transforme à l'occasion en exécuteur froid. Ce mathématicien de notoriété internationale reconnaît se livrer à des hypothèses fort hasardeuses sur les ressorts qui actionnent ses camarades. Il n'en tire pas moins prétexte pour les supprimer (élimination finale de Mathilde et autre scène « culte »). Inversement, « le Bison », brute dévouée et confinée aux basses besognes, manifeste des réticences et des scrupules inattendus au moment d'abattre sa « patronne ». Melville humanise et déshumanise tour à tour les protagonistes de cette tragédie moderne. Ce faisant, il démythifie largement la lutte clandestine. Saisie dans la trivialité du quotidien, dans sa monotonie et même dans son ignominie (strangulation « à froid » d'un traître), sans aucunement forcer sur le pathos, la Résistance peut être simplement considérée comme un cadre dramatique. Elle éclaire les comportements individuels et met au jour la part d'ombre qui habite chacun. La légende y perd ce que la vérité psychologique y gagne. Que cette désacralisation ait été suggérée par quelqu'un qui n'avait jamais fait mystère de ses engagements et de leur constance l'accréditait davantage encore.

Gerbier, Jardie et Mathilde restaient, malgré cela, admirables et leur force « militante » était peu discutable. Mais les controverses à venir sur la notion d'engagement étaient lisibles en filigrane. La silhouette pataude de Lucien Lacombe se profilait derrière les ombres hiératiques conçues par Melville. Le moindre paradoxe n'était pas de voir un gaulliste bon teint ouvrir la voie à des approches « révisées » de l'Occupation.

VI

LE GRAND TOURNANT

Parvenus en l'année 1971, nous ferons une entorse au principe que nous appliquions depuis le début de cette promenade cinématographique dans la France occupée. Nous sortirons, en effet, de l'univers de la fiction pour nous intéresser à un film-documentaire qu'il serait impossible de passer sous silence tant son influence fut grande sur les représentations ultérieures de cette période. *Le Chagrin et la Pitié* intervenait à un moment où les historiens poussaient toujours plus avant leurs investigations sur les dérives du fascisme français, se retrouvant ainsi au centre d'intenses débats nationaux et idéologiques. L'histoire de Vichy devenait un véritable enjeu qui donnait lieu à des examens de conscience parfois douloureux. L'ombre majestueuse et paralysante du Général de Gaulle s'étant effacée du paysage politique pour laisser place à des hommes (Pompidou, Giscard d'Estaing) qui ne revendiquaient aucun engagement particulier durant la Seconde Guerre mondiale, la mémoire de l'Occupation se libérait du carcan dans lequel l'historiographie officielle l'avait enserrée. Il n'allait pas falloir longtemps pour s'apercevoir qu'une évocation de cette époque – pour peu qu'elle fût suffisamment objective – prenait immédiatement une épaisseur romanesque qui permettait au documentaire d'égaler la fiction, quand il ne la surpassait pas.

Ainsi, *Le Chagrin et la Pitié* proposait-il une forme d'étude qui rénovait du tout au tout les méthodes des historiens. Henri Rousso pourrait dire que Marcel Ophuls proposait « le premier film sur la mémoire de l'Occupation, plus que sur son histoire. » Le fils du grand Max Ophuls avait conçu son documentaire comme un mélange d'images d'archives – souvent inédites car empruntées à la Wehrmacht – et d'entretiens avec un certain nombre de protagonistes des années 40-44 (hommes politiques : Pierre Mendès-France, Antony Eden, Jacques Duclos, Georges Bidault, Emmanuel d'Astier de la Vigerie, ou anonymes). L'endroit choisi, Clermont-Ferrand, cristallisait les situations nées de la défaite. Situé en zone libre, proche de Vichy, plaque tournante de la Résistance avec les maquis d'Auvergne, le chef-lieu du Puy-de-Dôme était érigé en microcosme de la France vaincue. Pour leur part, les personnages choisis étaient censés opposer l'histoire aux souvenirs, leurs commentaires et leurs analyses étant constamment confrontés sur l'écran avec les documents d'époque. Cette plongée dans le passé de tous et de chacun prenait très vite des dimensions vertigineuses. Le jeu des questions et des réponses dégageait une vérité de l'histoire qui renversait sans ménagement les mythes abusifs et les idées reçues par trop confortables. C'en était fini de la vision consensuelle d'une France globalement résistante. *Le Chagrin et la Pitié* s'attachait à démontrer que la grande majorité des Français n'avaient été ni maquisards ni membres de réseaux et que – même s'ils ne constituaient certainement pas non plus une majorité – certains d'entre eux s'étaient laissé convaincre du bien-fondé de la politique de Collaboration. L'impression d'ensemble était celle d'une grande confusion des esprits, d'une tiédeur et d'une veulerie à même de susciter bien des étonnements et bien des interrogations chez les adolescents des seventies. Tout le monde se trouvait conduit à réfléchir sur les notions d'engagement, de passivité et de responsabilité individuelle. Le cinéma se révélait être un témoin féroce de l'histoire et des comportements. Il était certain que rien ne serait plus pareil lorsqu'il s'agirait de mettre en scène les années noires.

La vision iconoclaste d'une France plutôt lâche qu'il proposait justifia certainement les problèmes rencontrés par ce film, que la télévision suisse avait produit à l'intention des télés européennes mais que l'O.R.T.F. refusa d'acheter. Il sortit finalement en catimini dans quelques salles d'Art et d'Essai sans que cette confidentialité imposée n'empêche un retentissement considérable, suffisant pour modifier durablement les images imprimées dans la conscience nationale. Par la faute de Marcel Ophuls, dans « Le Temps retrouvé » de l'histoire, c'était le rutabaga qui s'attribuait le rôle des petites madeleines. L'amertume de cette époque altérait complètement la nostalgie habituellement liée aux souvenirs.

De fait, *Le Chagrin et la Pitié* confirmait une modification essentielle dans l'approche cinématographique de l'Occupation (modification initiée, nous l'avons vu, par *Le Vieil homme et l'enfant*) : la disparition progressive de l'Allemand et l'installation sur les écrans d'un virulent débat franco-français longtemps refoulé. Cet affrontement sur fond de francisque et d'étoile jaune était rendu inévitable par l'arrivée d'une nouvelle génération aussi idéaliste qu'elle était peu compromise. L'introspection collective prenait des teintes sépia, et c'est à un véritable phénomène rétro que le public des salles obscures allait être soumis.

C'est dans cette catégorie qu'émargea Louis Malle avec *Lacombe Lucien* (1973), premier film à faire de la Collaboration le point central de son scénario. Si Marcel Ophuls avait porté un jugement moral sur la période en concluant sur une inaction coupable – tout en évitant de désigner trop nettement qui étaient les héros et qui étaient les salauds –, Louis Malle tentait la gageure de faire le portrait d'un salaud en se gardant de toute condamnation moralisatrice. Tel n'était d'ailleurs pas son propos dont les résonances rappelaient plutôt l'univers de Clouzot. *Lacombe Lucien* est d'abord un film sur la banalité du mal, une illustration de la facilité avec laquelle un individu lambda peut basculer dans l'ignominie et s'affranchir de toute règle. Lorsqu'il s'agit d'un jeune paysan du Lot, violent, introverti et intellectuellement limité, cette pente naturelle prend rapidement des proportions incontrôlables. En effet, pour peu qu'en juin 1944 l'idée lui vienne de demander à son instituteur d'entrer dans la Résistance locale que celui-ci dirige, qu'il soit mortifié par le refus qui lui est opposé et que l'opportunité lui soit donnée de rejoindre les auxiliaires français de la police allemande, ce ne sont certainement pas les scrupules qui peuvent le retenir. Sans conscience politique aucune, totalement ignorant des enjeux de la situation, ce « damné de la terre », exclu de tout contact social, découvre le pouvoir, l'argent et la possibilité d'humilier les autres. Autant de nouveautés dans lesquelles il trouve une manière de s'affirmer et de sortir de sa marginalité. Encore

le fait-il avec une effrayante innocence qui empêche de le haïr complètement. Il est vrai que,
si Lucien tire une satisfaction de ses actes, il est
en revanche incapable de les analyser, et même
simplement de les comprendre. Pour sa part,
Louis Malle ne justifiait surtout pas les exactions,
rapines et autres abus auxquels Lucien Lacombe
se livre sans mesure, mais on ne saurait dire
non plus qu'il les blâmait. Du moins ne le faisait-
il pas assez distinctement pour une opinion
publique toujours très prudente quand un film
sur l'Occupation venait réveiller les dissensions
hexagonales.

Autre scandale, autre sujet sensible dans une
atmosphère encore très imprégnée de concepts
sartriens : le parcours de Lucien était une négation
de l'engagement, du moins dans l'acception qu'en
imposaient depuis un bon quart de siècle le « pape
de l'existentialisme » et ses épigones de la Rive
gauche. Que l'on puisse décider par dépit et pour
des raisons purement contingentes d'entrer dans
la Résistance ou dans la forme la plus détestable
de la Collaboration, voilà ce qui ne pouvait être
toléré à une époque où l'engagement politique
apparaissait comme une raison d'être (notons que
le cinéma était une nouvelle fois très en retard sur
la littérature puisqu'en 1954, un superbe petit
roman de Jacques Laurent, *Le Petit Canard*, avait
montré comment un jeune homme, de surcroît
instruit et éduqué, pouvait entrer dans la L.V.F. à
la suite d'une trahison amoureuse. De même,
Jean-Louis Bory, Jean-Louis Curtis et Jean
Dutourd n'avaient-ils pas attendu *Le Chagrin et la
Pitié* pour décrire les différentes manières dont la
population s'était accommodée de la situation
d'occupation. *Mon village à l'heure allemande*, *Les
Forêts de la nuit* et *Au bon beurre*, écrits respectivement en 1945, 1947 et 1951 étaient déjà fort

éloquents sur le sujet. Les films « novateurs » des années 70 emboîtaient le pas du roman avec vingt-cinq ans de retard !)

Ne quittons pas la littérature et revenons à *Lacombe Lucien*. Il n'est assurément pas insignifiant que le co-scénariste du film ait été Patrick Modiano. Né en 1945 et véritablement « obsédé » par l'Occupation, l'auteur de *La Place de l'Étoile* et de *La Ronde de nuit* était tout à fait habilité à poser la question qui taraudait les enfants de 1968 : « Qu'aurais-je fait si j'avais eu vingt ans en 1940 ? ». On peut même penser qu'il prenait plaisir à pousser l'hypothèse jusqu'à : « Qu'aurais-je pu faire si j'avais eu dix-sept ans en 1944 ? » Les aléas de la notion d'engagement étaient indissociables de cette volonté de réinvestir le passé dont témoignait la génération d'après-guerre. C'était un héritage culturel qui était récusé dans sa globalité. Une jeunesse irrévérencieuse s'employait à fouiller par elle-même les recoins et les plaies mal refermées d'une période encore très proche. La « vulgate » gaulliste devenue orpheline, la mythologie communiste discréditée par le stalinisme et les familles répugnant toujours autant à livrer leurs secrets, rien ne venait satisfaire les curiosités rétrospectives. Patrick Modiano se joignait à Louis Malle pour s'opposer à une vision trop manichéenne de l'histoire et pour mettre en avant l'ambiguïté essentielle des individus. L'intention « pédagogique » du film n'était-elle pas explicitement annoncée dès son exergue : « Ceux qui ne se souviennent pas du passé sont condamnés à le revivre » ?

Dernier point : la famille juive, ces Horn chez lesquels Lucien s'introduit et où il fait progressivement régner la loi perverse de sa fantaisie, bousculant le père et « séduisant » la fille sans grand ménagement, n'étaient-ils pas là précisément pour assouvir les pulsions de Lucien ? Dans cette fable contée par Patrick Modiano, ne sont-ils pas le symbole du peuple juif, condamné à souffrir la barbarie issue du nazisme ? Outre que le travail romanesque de reconstitution de l'Occupation auquel se livre Modiano fait du personnage du Juif un axe de recherche fondamental, on peut voir aussi dans le rôle dévolu à ce triptyque grand-mère, père, fille le postulat régulièrement vérifié par la suite qu'il était devenu impossible de mettre en scène l'Occupation sans accorder une place de premier plan au problème juif. Après *Le Vieil homme et l'enfant*, *Lacombe Lucien* marquait le début d'une tendance qui allait trouver de multiples prolongements.

Pendant que Patrick Modiano et Louis Malle façonnaient Lucien Lacombe, modèle original, Édouard Molinaro adaptait pour l'écran *L'Ironie du sort* (d'après le roman de Paul Guimard). Force est de reconnaître d'importantes similitudes de fond entre les deux films. Certes, aucun des personnages imaginés par Paul Guimard n'entraînait aux interrogations morales et à la réflexion sur le mal que suscitait la petite brute du Quercy. Mais il y avait dans cette mise en scène des hasards, qui font d'un jeune homme un héros reconnu et honoré comme tel ou un héros inaccompli et rendu à l'insignifiance, une intention identique de déboulonner la légende d'un engagement « absolu ». Il était significatif à cet égard que la sortie des deux films soit quasiment simultanée. L'heure était manifestement au relativisme, et l'héroïsme était en ligne de mire.

L'Ironie du sort raconte en parallèle l'histoire de trois jeunes résistants, deux garçons et une fille. Leur destin personnel dépend entièrement du fonctionnement d'une pièce mécanique, le démarreur du véhicule qui transporte l'officier allemand dont ils ont programmé l'assassinat. Deux scénarios sont confrontés, totalement différents quant à la survie d'Antoine ou de Jean, quant aux amours qu'ils connaissent ou non avec Anne, quant aux conditions dans lesquelles, devenus adultes, ils prennent place dans la société. Comme on peut le voir, dans ce « jeu de la guerre et du hasard », le propos prenait une dimension philosophique intemporelle qui dépassait le cadre de la Résistance.

Un tel sujet ne pouvait cependant prétendre à la neutralité. Ce film s'accordait en effet parfaitement au contexte de démythification que souhaitait instaurer un personnel politique aspirant à mettre quelques distances entre l'actualité du moment et les célébrations de la geste résistante. Que son optique soit considérée comme pompidolienne ou comme giscardienne (Paul Guimard figurant pour sa part au nombre des proches de François Mitterrand), *L'Ironie du sort* attestait de préoccupations très contemporaines et, notamment, d'une volonté de mettre fin à certaines pesanteurs héritées de la décennie gaullienne.

À son tour, le cinéma « populaire » allait entrer dans le débat sur l'engagement. Le triomphe obtenu l'année suivante par *Le Vieux Fusil* tenait certainement à la force mélodramatique de l'histoire ainsi qu'au couple « gagnant » formé par Romy Schneider et Philippe Noiret. Il y avait pourtant aussi dans le film de Robert Enrico une perspective qui ne relevait pas simplement d'impératifs commerciaux. Ce chirurgien de l'hôpital de Montauban qui, en 1944, alors que l'occupant se replie devant l'avancée des Alliés, claironne encore qu'il ne fait pas de politique – tout en essayant de camoufler les résistants qu'il soigne et en remettant sur pied des miliciens promis au poteau d'exécution –, devient objet de thèse lorsque sa femme et sa fille sont massacrées par des troupes allemandes débandées. Si l'on pouvait voir dans la sauvagerie qui s'empare de Julien Dandieu une simple exaltation de la vengeance, une lecture plus fine ne s'en imposait pas moins, concernant la difficulté qu'il y a à s'abstraire des événements et le rôle essentiel de l'implication individuelle dans les choix qui engagent chacun. Ce scénario quelque peu simpliste rappelait la pression que peuvent exercer des circonstances imprévisibles sur les consciences les mieux éduquées. Robert Enrico ne s'est jamais prévalu de la moindre doctrine, mais cela n'empêchait pas *Le Vieux Fusil* de faire preuve d'une évidente modernité idéologique. Le manichéisme que l'on pouvait reprocher au film n'était pas un manichéisme de facilité, mais un manichéisme « en situation », éloigné de tout débat à caractère philosophique. Le hasard était cette fois moins volage que dans *L'Ironie du sort*. Plutôt que de multiplier les scénarios, il lui revenait de révéler la vérité d'un personnage que rien ne prédisposait à l'héroïsme.

Nous ne quitterons pas l'année 1975 sans mentionner *Section spéciale* de Constantin Costa-Gavras. Après avoir dénoncé la dictature des colonels grecs (*Z*, 1969) et les dérives totalitaires du système communiste (*L'Aveu*, 1970), ce spécialiste confirmé du cinéma politique de fiction décidait de réveiller les consciences assoupies par l'évocation d'un épisode particulièrement déplaisant de la période vichyssoise. Inspiré d'événements réels et d'un livre-document d'Hervé Villeré, ce film rappelait comment, en août 1941, après un attentat perpétré dans le métro parisien contre un officier de la Kriegsmarine par un jeune résistant communiste qui deviendrait le colonel Fabien, le Gouvernement de Vichy décida d'anticiper les mesures de répression allemandes en créant une Section spéciale de la cour de justice ; une loi rétroactive étant censée envoyer à la guillotine six prisonniers politiques ou de droit commun déjà jugés pour des délits mineurs. Conçue par Pucheu, ministre de l'Intérieur fraîchement nommé et dévoré par l'ambition, cette procédure scélérate – contraire au fondement même de la législation française – jetait un voile d'opprobre sur le personnel politique et judiciaire de Vichy, notamment sur ces juges dévoyés dont Costa-Gavras nous fait savoir, à la fin du film, que la plupart d'entre eux conservèrent leur poste après la guerre.

On aura compris que la sortie de ce film dérangea énormément une opinion publique que *La France de Vichy* de Robert Paxton venait déjà d'ébranler fortement. L'histoire de l'Occupation connaissait un tournant qui n'était pas seulement lié à l'angle d'approche choisi mais, plus simplement, à la volonté d'en dévoiler les contenus longtemps dissimulés. *Section spéciale* était ainsi le premier film de fiction qui ait délibérément situé son intrigue sous les lambris vichyssois et qui ait souhaité se livrer à une reconstitution minutieuse de ce dérisoire microcosme hôtelier. La dérision côtoyant l'ignominie, l'amour-propre national était loin d'en sortir indemne. Comme, de surcroît, Costa-Gavras et son scénariste, Jorge Semprun, avaient décidé de conserver les noms des véritables protagonistes de cette infâme mascarade, tout le monde était contraint de souscrire à la véracité des faits et le film ne risquait guère une critique de fond. Le réquisitoire contre la Collaboration qui commençait à imprégner l'air du temps s'en trouvait considérablement renforcé. Il restait encore à développer d'autres parties tout aussi nauséabondes du dossier. Parmi celles-ci, la question juive se voyait accorder une attention qui n'irait plus qu'en s'amplifiant.

VII

Un « détail » très encombrant

La vision que le cinéma donne de la question juive durant les années d'Occupation peut être encadrée par un slogan célèbre et par ce que l'on a coutume d'appeler un « dérapage ». Le slogan était l'un de ceux que reprenaient les étudiants de 68 : « Nous sommes tous des Juifs allemands ». Le dérapage fut, deux décennies plus tard, celui de Jean-Marie Le Pen, lorsque le Président du Front National répondit à un journaliste qui lui demandait son sentiment sur les chambres à gaz qu'il ne fallait y voir qu'un « détail » de la Seconde Guerre mondiale. Certes, les manifestants du mois de mai rendaient en même temps hommage à leur leader charismatique, Daniel Cohn-Bendit, mais on ne peut s'empêcher de voir une étrange concordance entre cette revendication de solidarité et la compassion pour les victimes du génocide qu'exprima à partir de ce moment la production cinématographique française. Pour ce qui est des propos pour le moins malheureux du politicien d'extrême-droite, il nous suffira de remarquer que le cinéma avait très largement anticipé cette provocation. En effet, indépendamment du *Vieil homme et l'enfant* et de *Lacombe Lucien*, plusieurs films étaient venus ranimer les mémoires oublieuses en posant la Shoah au centre de toute évocation de l'Occupation. S'il était un domaine où la perspective du « détail » était frappée d'irrecevabilité, c'était bien le cinéma.

Le coup d'envoi de ce retour vers l'horreur fut donné par Michel Drach au début de l'année 1974. *Les Violons du bal* proposaient une reconstitution autobiographique et familiale éminemment douloureuse de cette période si cruelle pour les enfants juifs. L'intérêt majeur de ce film partiellement inabouti est d'avoir superposé des scènes d'époque et l'histoire du film lui-même, en montrant les difficultés rencontrées pour le réaliser et pour convaincre les producteurs de sa nécessité. L'abondance des témoignages qui allaient se succéder sur le thème des vies brisées par la guerre et l'antisémitisme permet de considérer que *Les Violons du bal* constituait une étape initiatique, indispensable dans le processus de reconstruction identitaire qu'entreprenait la communauté juive.

Plus marquante serait, en cette même année 1974, la sortie des *Guichets du Louvre*. Ce film donnait à voir, pour la première fois dans une fiction, la rafle du Vélodrome d'Hiver, le 16 juillet 1942 (remarquons au passage que les Anglo-Saxons ne semblent pas observer une telle « pudeur » à l'égard des parties les plus critiquables de leur histoire. Il suffit de regarder la floraison de films très acides qui prirent pour cible l'engagement américain au Viêt-Nam, quelques années seulement après la fin de la guerre : *Voyage au bout de l'enfer*, *Apocalypse Now*, *Platoon*, etc… Et nous, Français qui attendons toujours un film majeur sur la Guerre d'Algérie…). Donc, trente-deux ans après ces événements particulièrement sordides, Michel Mitrani revenait sur l'arrestation massive de 12 884 personnes (dont 5 802 femmes et 4 051 enfants) rendue possible par le zèle dont avait fait preuve en cette occasion la police française et son secrétaire général, René Bousquet… Prétexte romanesque et dramatique : dans le quartier bouclé et ratissé du Sentier, un jeune homme tente de sauver une jeune fille. Hormis l'action de la police française, Michel Mitrani montrait du doigt l'indifférence de la population parisienne (détachement pouvant parfois prendre une forme plus opportuniste chez ceux qui s'accaparaient les biens des déportés) et l'inefficacité – pour ne pas dire l'insignifiance – de la Résistance dite organisée à ce moment de la guerre. Il n'hésitait pas non plus à dénoncer la docilité et la soumission à l'abjection dont s'étaient rendus « coupables » trop de Juifs. Le tableau ainsi brossé de la France occupée était d'un pessimisme total, et le film, qui se voulait mémorial, suscita une telle gêne que son succès resta mesuré. Quoi qu'il en fût, la Déportation s'établissait de manière incontournable dans le paysage cinématographique de l'Occupation, et la responsabilité collective du peuple français quittait le champ des hypothèses pour prendre valeur de postulat.

La veine autobiographique continuait d'être exploitée en parallèle et en simultané avec l'adaptation, toujours en 1974, d'un roman à succès de Joseph Joffo, *Un sac de billes*. C'est un jeune réalisateur, Jacques Doillon, qui assurait le passage à l'écran de cet émouvant récit du périple de deux enfants juifs vers la zone libre. Il est remarquable que ni la lâcheté ni les mesures antisémites auxquelles se heurtent le narrateur et son frère ne suffisent à dénaturer le message d'espoir dont le film est porteur. Malgré les uniformes, les fusils, les murs de prison qui meublent leur univers, les deux jeunes héros s'accrochent à la vie, de menus trafics en chapardages. Leur survie dans un monde aussi hostile – à un âge où le petit Joseph aurait effectivement dû jouer aux billes – était une incitation au courage et à la résistance. Seule ombre au tableau, ce film ne pouvait s'abstenir de faire allusion de manière très nette et très sévère au comportement des Français à l'égard des Juifs. De ce point de vue, le négatif l'emportait sans conteste sur le positif, notamment lors d'une scène de classe très déplaisante où l'on voyait un instituteur appliquer avec beaucoup de conviction les principes ségrégationnistes prônés par Vichy. De toute évidence, l'intérêt manifesté pour les aventures du jeune Joffo n'allait pas sans un sentiment de honte rétrospectif.

Parvenus à ce stade d'autoflagellation, il pouvait sembler paradoxal (à moins que cela ne relevât au contraire d'une certaine logique) qu'il revînt à un réalisateur étranger – en l'occurrence un américain émigré pour cause de maccarthysme – d'apporter la touche finale à un tel phénomène de contrition nationale. Joseph Losey était cependant suffisamment francophile et suffisamment au fait des modes de pensée, des polémiques et des tabous hexagonaux, pour s'immiscer dans cette quête morale à laquelle s'adonnait une société en mal de rédemption (surtout avec un co-scénariste nommé Costa-Gavras). Son expérience personnelle et la situation d'exil qui en découlait lui conféraient même sans doute un surcroît de sensibilité et de réalisme au moment de recréer l'atmosphère de peur diffuse et d'indifférence qui environne ceux que traque un régime autoritaire.

Avec *Monsieur Klein* (1976), il ne s'agissait plus seulement d'un témoignage sur la Shoah et sur la complicité française, mais d'une démarche psychologique ayant pour finalité essentielle l'expiation.

Robert Klein est pourtant un personnage « installé ». Rejeton d'une vieille famille alsacienne, ce bourgeois aisé, séducteur, marchand d'art, profite visiblement de l'Occupation en trafiquant des biens juifs. Par un concours de circonstances administratives, il se trouve plongé dans une situation absurde, fiché comme Juif car homonyme d'un autre Robert Klein – vraisemblablement résistant – qui tire parti de cette coïncidence pour s'abriter derrière lui. Dans une semi-obscurité propice aux équivoques, il entreprend de démasquer son double, proteste de son « aryanité », mais finit par se laisser dévorer par sa recherche. Petit à petit, Robert Klein décide en effet d'accepter cette usurpation d'identité dont il est victime. L'abandon de personnalité auquel il se résout le conduit d'abord au Vélodrome d'Hiver, à la déportation et au sacrifice ensuite.

Il est certain que l'on peut interpréter de plusieurs façons l'attitude du personnage qu'incarne superbement Alain Delon, mais il serait difficile de ne pas y voir une sorte d'aboutissement. En prenant sur lui la souffrance des Juifs et en partageant leur châtiment, Robert Klein pousse le sentiment de culpabilité à son point extrême et il endosse par là même la responsabilité historique de la France dans le génocide. Bouc émissaire volontaire, son martyre concrétise les intentions qu'exprimait le slogan de 1968. Happé par une histoire devenue folle, Robert Klein était devenu un Juif allemand.

Plus qu'à une lecture objective, c'est à une lecture imaginaire et psychanalytique de la France occupée que Joseph Losey se consacrait (la présence allemande était d'ailleurs tout juste suggérée). Les aberrations que cette société malade avait favorisées en devenaient, sinon plus compréhensibles, du moins plus concevables. En filigrane, c'était à une condamnation de tous les systèmes totalitaires que Losey voulait conduire le spectateur. Ainsi, de son propre aveu, la reconstitution de la rafle du Vél d'Hiv devait appeler le rapprochement avec les massacres survenus en 1973 dans le stade de Santiago du Chili après le renversement de Salvador Allende par une junte militaire. On pardonnera volontiers à un apatride d'avoir étendu l'anathème au-delà de nos frontières. Pour une fois que notre culpabilité se trouvait un tant soit peu diluée !

Avant 1980, François Truffaut n'avait traité de l'Occupation dans aucune de ses dix-huit réalisations. Lorsqu'il se décida à le faire, avec *Le Dernier Métro*, ce fut un coup de maître salué par la critique et récompensé par dix Césars. Ce film correspondait à un double projet narratif : raconter le théâtre et l'Occupation. Axé sur ce parallèle, Truffaut s'attachait à développer en même temps quelques-uns de ses thèmes de prédilection : le triangle amoureux, la clandestinité, le travail artistique. Filmer une intrigue située dans l'univers théâtral lui donnait aussi l'occasion d'adresser un clin d'œil appuyé à l'un de ses réalisateurs fétiche. Il est en effet difficile de ne pas songer à Ernst Lubitsch – et plus particulièrement à *To Be or Not To Be* – en regardant le jeu ambivalent de la réalité et de la fiction artistique qui anime les personnages du *Dernier Métro*.

La trame du film est assez simple : un théâtre parisien et sa troupe s'efforcent de continuer leur activité, à l'automne 1942. Son directeur, Lucas

Steiner, célèbre metteur en scène juif allemand, s'est réfugié dans la cave pour échapper aux rafles des occupants. Marion (Catherine Deneuve), sa femme, le remplace à la direction et le rejoint chaque soir pour prendre ses instructions. Pour monter *La Disparue*, de Strindberg, elle engage un jeune acteur, transfuge du Grand-Guignol, Bernard Granger (Gérard Depardieu). Le théâtre vit sous la menace permanente de Daxiat, omnipotent critique de *Je suis partout*. Steiner espère pouvoir passer en zone libre mais, quand les Allemands franchissent la ligne de démarcation, il doit se résigner à rester cloîtré dans sa chambre-cave, d'où il suit les répétitions par le tuyau d'une chaudière.

Le succès public du film était certainement dû en grande partie à la présence du couple Deneuve-Depardieu, inamovibles têtes d'affiches des années 70-80. Pourtant, le personnage dominant semble bien être Lucas Steiner, rôle confié à un acteur allemand très peu connu du public français (Heinz Bennent). Cet anonymat volontaire accrédite l'idée selon laquelle François Truffaut s'est ostensiblement identifié à Steiner (même allure lasse, mêmes vêtements, même écharpe, mêmes lunettes). L'acharnement obsessionnel et autodestructeur que met celui-ci à lire et à écouter des textes et des propos antisémites, à s'interroger sur les signes apparents de la judaïcité, reproduit très probablement les questions que se posait Truffaut à un moment où il venait d'apprendre que son véritable père – qu'il n'avait pas connu – était Juif. La densité et la richesse du film ne suffisaient pas à dissimuler la quête identitaire qui en constituait peut-être le véritable objet, au-delà des artifices et faux-semblants induits par le cadre choisi. On peut aller jusqu'à penser que Truffaut souhaitait faire de cette recherche une réhabilitation, voire une glorification. Du fond de ce trou où il est reclus, de cette tombe où on l'a contraint à « mourir », Lucas Steiner montre comment on doit résister pour survivre dans un monde atroce (quand Bernard Granger finit par le rencontrer et lui dit : « Mais de rester comme ça ici, c'est pas une vie ! », Steiner répond simplement « C'est une vie : c'est la mienne »). Dépossédé de ses fonctions professionnelles, de son rôle social, de sa femme, il n'en continue pas moins de diriger la manœuvre et ne se résigne pas à disparaître. Il reste l'âme du théâtre auquel il insuffle ses idées. Les acclamations qu'il reçoit au final viennent souligner un triomphe acquis de haute lutte, dans la souffrance et dans l'honneur.

Le Dernier Métro est un film foisonnant (et un magnifique documentaire d'époque) qu'il ne conviendrait surtout pas de limiter à quelques symboles, mais on ne saurait minimiser l'hommage aux Juifs dont il est porteur sans le dénaturer. Truffaut eût-il abordé l'Occupation plus tôt que l'angle choisi eût probablement été tout autre. Ayant attendu les années 80, il inscrivait son « accident » autobiographique dans un mouvement d'ensemble qui instituait la judaïcité comme principe d'héroïsme. *Le Dernier Métro* ramenait sous les feux de la rampe les Juifs qu'une histoire terriblement distraite avait abusivement ensevelis.

Nous avons vu comment Autant-Lara avait, à douze ans d'intervalle, proposé deux films très différents sur l'Occupation : l'un délibérément provocant, *La Traversée de Paris*, l'autre beaucoup plus « politiquement » correct, *Le Franciscain de Bourges*. C'est quasiment le même délai que respecta Louis Malle entre la sortie de *Lacombe Lucien*, agression caractérisée contre les lectures trop schématiques des engagements pris durant la guerre, et celle de *Au revoir les enfants*, film qui venait se placer dans la veine déjà très fréquentée des commémorations du génocide. De plus, son actualité était rendue brûlante par le fait que son montage s'effectuait au moment où se déroulait le procès du tortionnaire allemand, Klaus Barbie. Mûri et projeté depuis longtemps, *Au revoir les enfants* ne saurait être appréhendé convenablement hors de son environnement.

Louis Malle tenait en effet à consacrer un film à l'événement autobiographique auquel il affirmait accorder le plus d'importance : son histoire d'amitié avec un enfant juif que cachaient les Pères du collège religieux où il étudiait. Histoire tragique qui s'était terminée, en 1944, par l'arrestation et la déportation de Jean Bonnet – de son vrai nom Kippelstein – et du Père supérieur. Le réalisateur recomposait ses souvenirs à partir d'une base vécue et reprenait la réflexion sur l'enfance qui parcourt l'essentiel de son œuvre, que ce soit à travers le thème de l'innocence impossible ou à travers celui de l'absence du père. D'une grande maîtrise technique et esthétique, ce film évitait habilement les écueils du pathos et fondait l'essentiel de son propos sur une illustration de la culpabilité collective. Chose rare, par le biais de l'autobiographie, l'auteur du film avait l'honnêteté d'ouvrir le débat à partir de son exemple personnel.

De fait, Julien Quentin (le jeune Louis Malle) est un enfant protégé et choyé dont l'univers s'écroule soudainement face à l'intrusion de l'arbitraire et de l'injustice. Cette intrusion est d'autant plus violemment ressentie qu'elle intervient dans un établissement où la règle religieuse suggère une pérennité de l'ordre. L'Histoire ayant visiblement décidé de ne plus respecter aucun ordre, Julien se trouve contraint d'affronter l'univers des adultes et de subir son influence corruptrice. C'est par le jeu des regards et des non-dits qu'il « fabrique » sa culpabilité. Il est celui qui sait avant les autres que Bonnet est Juif, celui qui connaît le délateur (Joseph, orphelin boiteux qui travaille aux cuisines et est renvoyé à cause de trafics avec les élèves, dont Julien). Quand les Allemands viennent chercher Bonnet en classe, Julien a pour son ami un regard qui équivaut à un aveu, car il est aussi celui qui a laissé faire – comme tant d'autres un peu partout au même moment – et qui doit assumer sa responsabilité dans le drame. Il n'y aura plus jamais d'innocence pour lui et jamais il ne pourra se dédouaner de sa passivité. Louis Malle réagissait à sa propre histoire, comme un Monsieur Klein qui n'aurait pu assurer son salut. Nous étions en 1987, *Au revoir les enfants* marquait (provisoirement) la fin du temps des remords et pouvait être perçu comme une œuvre testamentaire. Depuis quelques années déjà on avait compté plusieurs films qui rejetaient totalement l'héritage lié à la Shoah et la perpétuation des fêlures morales. Le film de Louis Malle s'apparentait à un épilogue ; le mal-être historique de la société française se préparait à d'autres formes d'expression.

VIII

JEUX DE MASSACRE

À l'approche des années 80, certains signes lais-
saient deviner que la contrition s'essoufflait. Au
temps des révélations et de la culpabilisation se
substituait, plus ou moins sournoisement, celui de
la confusion, de la dérision et du cynisme. Le message se brouillait et les repères proposés jusqu'ici
perdaient leur caractère d'évidence.

Le cinéma devait participer largement à un
mouvement de contestation par l'absurde qui
s'assignait la tâche d'anéantir les différents
discours « politiquement corrects » qui avaient
précédé, discours dans lesquels il s'était coulé
avec plus ou moins de souplesse. L'époque des
contorsions était révolue, celle des célébrations
frappée d'obsolescence. La pénitence s'achevait
et l'insolence retrouvait voix au chapitre. Cette
« objection de conscience » ne s'effectuant pas
sans une jubilation contagieuse, il avait fallu tout
le talent d'un François Truffaut ou d'un Louis
Malle pour parvenir à faire entendre encore un
peu les voix du recueillement et de la réflexion.
Le doute était en train de répandre ses ondes
pernicieuses et de relativiser les faits et les
valeurs les plus inébranlables. Le culte de la

Résistance était laissé en exclusivité aux « papys », sans pour autant que leurs garnements irrespectueux ne s'interdisent de brocarder les objets du rituel.

Bien entendu, on ne peut évoquer cette atmosphère plutôt malsaine sans faire mention du contexte socio-politique qui l'entourait. Les années 80 sont celles qui ont entériné le triomphe de l'économique sur le politique. Ce sont les années de l'argent-roi et de la dissolution accélérée de l'identité nationale dans des ensembles supra-nationaux sur lesquels le citoyen n'a plus de prise. Ce sont conséquemment celles qui ont vu les Français se dépolitiser pour se réfugier de manière aussi confortable qu'irresponsable dans l'abstention, la religion du moi et la consensuelle formule du « tous pourris ». Prise dans ce tourbillon de négativisme, l'Histoire ne pouvait plus offrir de lecture cohérente. Le message gaulliste tenait lieu de palimpseste et l'ambiguïté mitterrandienne qui le relayait subrepticement s'accordait avec beaucoup d'habileté au malaise ambiant. On pouvait même penser qu'elle l'alimentait consciencieusement. Les différents « relais » proposés aux provocations lepénistes n'allaient-elles pas dans ce sens ?

C'est pourtant avec beaucoup de pudeur et de dignité que Patrice Chéreau avait, en 1978, dressé un constat prémonitoire de la remise en cause qui s'amorçait. *Judith Therpauve* était en effet d'abord une réaction contre une certaine forme de liquidation des valeurs héritées de la Résistance. *Le Chagrin et la Pitié* et *Lacombe Lucien* avaient posé les prémisses d'un mouvement qui s'accentuait. En montrant le combat qu'entreprend Judith (Simone Signoret) pour éviter qu'un journal fondé par son réseau de résistance ne passe sous le contrôle d'un grand groupe de presse – l'allusion à Robert Hersant étant d'autant plus explicite que le passé de ce magnat sous l'Occupation était l'objet de controverses soutenues – Patrice Chéreau donnait l'alerte. La société âpre au gain et dépourvue de morale qui se mettait en place souhaitait visiblement se débarrasser du legs de la Résistance. Fidèle à ses choix, Judith livre l'ultime combat d'une génération qui a vu s'effilocher ses idéaux au fil des ans. Face aux méthodes indignes et aux moyens financiers disproportionnés qui lui sont opposés, ce baroud d'honneur est voué à l'échec, celui-ci étant dramatisé par le suicide de Judith.

Si cet affrontement inégal illustrait la façon dont la liberté de la presse était mise à mal par le comportement sauvage des grands groupes, on pouvait également y déceler un dernier hommage aux luttes désintéressées, au défi improbable que l'idée lance parfois à la force brutale. Cette génération autrefois triomphante, et qui acceptait sa défaite en abandonnant son journal, réveillait la nostalgie du courage qui avait été le sien en d'autre temps, ce courage qui l'avait portée au-dessus d'elle-même avant qu'elle ne se laisse gagner par le grégarisme, les compromissions et l'esprit de démission. C'est l'amertume et la résignation qui dominent dans cette image grise des « glorieux anciens », usés, inexorablement dépossédés de leurs mythes. Les iconoclastes qui préparaient contre eux une nouvelle offensive ne s'attaqueraient qu'à un édifice déjà bien ébranlé (il conviendrait notamment de se demander quelles furent les répercussions « éthiques » de l'échec sans cesse plus manifeste du « modèle communiste » sur des courants de pensée qui n'avaient jamais voulu s'en éloigner tout à fait). La main était passée, le sacrifice de

Judith était un appel à la lucidité qui commandait
à ses compagnons de s'effacer

Les coups de boutoir les plus féroces allaient
être assénés par Jean-Marie Poiré et ses acteurs
issus du café-théâtre. C'est en effet aux « bronzés »
qu'allait échoir le soin de faire voler en éclats tous
les stéréotypes et clichés accumulés sur la Résistance et l'Occupation depuis quarante années.
Certes, *Papy fait de la Résistance* (1983) était
d'abord une accumulation de blagues passe-
partout, pas toujours très exigeantes quant à leurs
supports, et l'on était en droit de penser que rien de
ce qui était montré n'avait de sens ni d'importance,
dans la mesure où tout était bon qui pouvait faire
rire. Cependant, pour peu que l'on ne s'attardât
pas trop sur ses invraisemblances, cette histoire
d'une famille de musiciens refusant de se produire
sur scène aussi longtemps que les Allemands occu-
peraient la France dépassait le cadre de la dérision
et de « l'air du temps » dans lequel on pouvait com-
plaisamment l'inscrire. C'est une rupture complète
avec un certain mode de reproduction cinématographique et télévisuel des années 40 que cette
comédie revendiquait. Les clins d'œil parodiques
adressées à *L'Armée des ombres*, au *Silence de la
mer* ou à *La Grande Vadrouille* le démontraient,
mais plus encore peut-être le dernier quart d'heure
du film – incontestablement la partie la plus réussie
– qui proposait une tonitruante caricature de débat
télévisé, sur le modèle des *Dossiers de l'écran* (rappelons que la célèbre émission d'Armand Jammot
accompagnait son générique d'une musique liée à
un épisode majeur de *L'Armée des ombres*). Revu
par Jean-Marie Poiré, ce débat – censé se dérouler
en 1983 – tournait à la foire d'empoigne, chacun
soutenant la version des événements qui le mettait
le plus en valeur, y compris le fils d'un collaborateur

notoire. La conclusion était limpide et prenait un aspect désagréablement populiste : tout le monde mentait et la réalité dissimulée derrière l'imagerie de guerre traditionnelle était immonde. Le succès du film ayant été considérable, la démythification était d'autant plus complète.

Était-elle surprenante pour autant ? Pas si l'on rappelle le contexte négationniste du moment, les provocations indécentes de Darquier de Pellepoix, ancien commissaire aux Questions juives, déclarant, le 28 octobre 1978, qu'« à Auschwitz, on n'a gazé que les poux », les déclarations d'un professeur de l'Université de Lyon, Robert Faurisson, sur l'inexistence des chambres à gaz, la « saturation » d'une génération frondeuse, lassée du « matraquage » moral et idéologique auquel l'avaient soumise des prédécesseurs dont les prétentions et la légitimité paraissaient soudain très incertaines. S'il prêtait à sourire, le diminutif « papy » restait suffisamment aimable. La résistance des grands-parents n'en était pas moins sujette à caution, autant que le passé de ce cher « Tonton » Mitterrand pour lequel la France des années 80 se sentait pourtant prise d'une certaine affection. La « tontonmania » plus ou moins spontanée qui commençait à sévir chez les jeunes s'apparentait d'ailleurs à une forme de gratitude. Lorsque l'on cherche sa voie, il est sans doute plaisant de ne pas se voir proposer des modèles trop linéaires. Précisément, aucune statue du Commandeur n'émergeait plus d'un paysage politique français dont la platitude et l'uniformité étaient remarquables. De toute évidence, si la bande du *Splendid* opérait en terrain favorable, on devait plutôt rendre hommage à son habileté que lui reprocher d'avoir été l'instigatrice d'une confusion dont, à sa manière, elle ne faisait que dresser le constat.

On ne peut donc s'étonner que l'accueil réservé à certains films de facture « classique » ait été beaucoup plus mesuré. Ainsi *Blanche et Marie* de Jacques Renard – réalisation tout à fait honorable au demeurant – n'avait assurément rien pour séduire le public de 1985. Cette vision héroïque de la Résistance clandestine, du courage des civils, de l'action des femmes et des anonymes, ne correspondait en rien au cynisme désabusé qui prévalait dans l'opinion et dans le monde de la critique. L'heure n'était plus à ces histoires « non décalées » où l'on faisait trivialement la guerre aux « Boches » et à la Milice. Malgré une belle distribution (Sandrine Bonnaire et Miou-Miou), *Blanche et Marie* était condamné à l'indifférence et ne connaîtrait plus que des rediffusions à horaire tardif sur les chaînes publiques.

Succès mitigé également pour *Mon ami le traître* (1988), de José Giovanni, description d'une tentative de rachat un peu trop tardive d'un auxiliaire de la Gestapo et du jeu politique biaisé auquel se livraient certains « libérateurs » et certains bourreaux « ordinaires ». Les aspects nébuleux de l'épuration constituaient un thème qui ne prêtait pas suffisamment à rire pour un public exclusivement voué à la dérision et qui confiait humblement aux historiens la responsabilité de réfléchir aux sujets « graves ». L'actualité politique était suffisamment fournie en résurgences malsaines de cette détestable période pour qu'il ne parût pas souhaitable de les réactiver dans des fictions, fussent-elles réalisées par les représentants d'un cinéma dit « grand public ».

L'année 1990 devait confirmer cette tendance destructrice du cinéma « fin de siècle ». C'est tout d'abord Claude Berri qui relevait le défi d'adapter

Uranus. Trente-quatre ans après qu'Autant-Lara eut « osé » *La Traversée de Paris*, le réalisateur du *Vieil homme et l'enfant* reprenait à son compte la charge dévastatrice qu'avait inspirée à Marcel Aymé le désolant spectacle de la Libération de la France et des règlements de compte qui l'avaient accompagnée. La réussite était totale. Une galerie de portraits au vitriol donnait à une dizaine d'acteurs de premier plan l'occasion de « numéros » mémorables (citons Philippe Noiret, Jean-Pierre Marielle, Fabrice Lucchini, Michel Blanc, Michel Galabru, Daniel Prévost, Gérard Desarthe et un phénoménal Gérard Depardieu en bistrotier-poète alcoolisé). Les spectateurs ainsi sollicités répondirent en masse, confirmant le masochisme d'une opinion qui préférait finalement se voir rappeler le passé sur un ton très offensant plutôt que de se replacer dans la perspective de l'honneur et du choix que chacun est libre de faire face à l'Histoire.

De fait, il suffisait à Claude Berri de se montrer d'une fidélité scrupuleuse à l'égard du texte original pour qu'aucun des protagonistes n'en réchappe. Dans une France haineuse que symbolise la bourgade anonyme et partiellement détruite de Blémont, l'ennemi n'est plus l'Allemand déjà parti, mais le proche, le collègue, le voisin de palier. Foin de l'unité de la nation et des concepts gaulliens ! Tout sens moral est perdu et s'accaparer le bien d'autrui devient légitime, si ce n'est impératif. Le Parti communiste fait peser son sectarisme et sa suffisance de vainqueur sur cette société déliquescente, pendant que les lobbies se reconstituent promptement sur les décombres. La Résistance passe « du côté du manche ». Seuls surnagent dans cet infâme bouillon les plus opportunistes et les plus grégaires, toujours en quête de boucs émissaires. Les opinions se font et se défont au gré des pulsions et des conflits d'ordre personnel. Tous les personnages se débattent dans un tissu inextricable de contradictions et de reniements, alors même que la France – fraîchement repeinte aux couleurs de la Résistance – voit les compromissions, les trahisons et les abominations d'hier se confondre dans le jeu dominant des influences gaullistes et communistes.

C'est donc à un mitraillage « tous azimuts » que s'adonnait Claude Berri et cette caricature généralisée atteignait parfaitement la cible visée : un pays déboussolé, auquel on avait ressassé ses torts et ses faiblesses, et qui choisissait délibérément d'en rire pour mieux les exorciser. Devenu producteur, Claude Berri n'avait rien perdu du talent qui lui avait permis, trois décennies plus tôt, d'impulser une vision nouvelle de l'Occupation, mais il y ajoutait le « flair » du professionnel qui sait prendre la vague du moment et surfer sur elle, avec un réalisme qui n'exclut pas l'audace.

Autre événement cinématographique de l'année 1990, *Docteur Petiot*, de Christian de Chalonge, ressuscitait un personnage maudit de l'Occupation. Ce médecin, produit dégénéré d'une époque prise de folie, avait conçu un Auschwitz à échelle individuelle. Abusant de la crédulité et du désarroi de Juifs traqués et candidats à l'émigration, il les dépossédait de leurs biens en leur tendant un piège qui trouvait sa conclusion dans la chaudière d'un hôtel particulier du XVIe arrondissement. Plusieurs dizaines de « clients » du « Docteur » (cinquante ? soixante ?) partirent en fumée de la sorte avant que cet abominable trafic ne soit découvert.

Une nouvelle fois, à travers ce fait divers particulièrement atroce, la reconstitution des années de guerre prenait des teintes sordides. Qu'un tel monstre ait pu poursuivre si longtemps d'aussi sauvages agissements discréditait le comportement de la communauté nationale dans son ensemble. Il avait fallu une démission, une indifférence et une amoralité généralisées pour que ces perversions morbides trouvent à s'exprimer. D'un air désabusé, Petiot (Michel Serrault) l'annonçait lui-même au début du film : « Que voulez-vous ? C'est le temps des salauds ! ».

L'épilogue s'accordait admirablement à l'atmosphère de suspicion que faisaient prévaloir les années 90. Traqué par la police, Petiot a trouvé refuge dans la Résistance, parmi les services officiels de l'armée de la Libération. Lorsqu'on finit par le pincer, on trouve sur lui cinq cartes d'identité, une carte de la Milice française, une carte du Parti communiste et une carte de l'association France-U.R.S.S. ! On ne pouvait rêver plus belle confusion des valeurs et plus beau démenti apporté aux vérités instituées. L'histoire était réduite à une triste « combine » dans laquelle il devenait difficile de distinguer les héros des criminels. Pour les amateurs d'énigmes qui foisonnaient autour du sérail mitterrandien, *Docteur Petiot* pouvait être érigé en « must ».

Le coup de grâce allait venir du côté où on ne l'attendait pas. C'est en effet l'adaptation d'un roman de Jean-François Deniau qui allait mettre à mal la geste gaulliste et les récits épiques des résistants de la première heure. Réalisé par Jacques Audiard en 1995, *Un héros très discret*, récit d'une énorme imposture, plongeait le fer dans les blessures mal refermées de l'immédiat après-guerre.

Albert Dehousse (Mathieu Kassovitz) est un Français très obscur, très moyen. Indifférent à l'Histoire alors qu'elle se déroule sous ses yeux, à ses pieds, il incarne bien involontairement une nation majoritairement passive et spectatrice durant la guerre, facilement mythomane ensuite. L'époque joue en sa faveur : les quelques mois qui suivent la Libération sont propices aux « arrangements » entre libérateurs, aux « recyclages » d'exécutants de la Collaboration, à l'acceptation de mensonges aussi évidents que commodes, et à l'intrusion dans les cercles résistants de combattants venus de nulle part. Fasciné par la fiction (Jules Verne, Paul d'Ivoi et *Le Petit Français illustré*), Albert saisit au vol sa chance dans une époque où le virtuel se substitue volontiers à la réalité. Ce jeune homme anodin, falot, manipulé jusque-là par sa propre vie, totalement dépourvu de convictions personnelles, se fait mystificateur et transfigure son destin. Il apprend par cœur la carte du métro londonien, les intrigues d'Afrique du Nord, le nom des membres de chaque réseau clandestin, les reportages, les témoignages et finit par acquérir une connaissance sans pareille des réalités et des mythes de la Résistance. Il ne lui reste alors qu'à s'introduire dans la nébuleuse des diverses réceptions et commémorations où se distribuent très généreusement les nouveaux pouvoirs pour se voir attribuer un poste à la mesure des services prétendus. N'ayant pas même été traversé par l'idée d'être un vrai héros, Albert se découvre un talent insoupçonné pour en devenir un faux. Il sait que les événements ne sont en eux-mêmes ni sérieux ni crédibles, et qu'il importe plus de bien les raconter que de les avoir vécus. Il finit par penser que le mensonge est d'autant plus convaincant lorsqu'il est complet et que l'assurance du ton supplée l'inauthenticité du contenu.

La chance d'Albert tient à la perméabilité de la société française d'après-guerre. L'heure était aux tours de passe-passe. Puisque de Gaulle avait pu asseoir la France à la table des vainqueurs et que notre pays écrivait à la hâte et dans l'immédiateté son histoire, il n'y avait aucune raison pour qu'Albert ne puisse fabriquer méthodiquement un personnage de héros à même de séduire une nation désorientée et déchirée. Il réconciliait ainsi à sa manière les attentistes et les résistants, les victimes et les manipulateurs, et réunifiait partiellement un peuple enclin à la schizophrénie.

On pouvait aisément déceler derrière l'imposture individuelle la dénonciation d'une imposture collective. Les affabulations d'un médiocre « planqué » n'avaient pu rencontrer un tel succès sans une complicité généralisée. Jacques Audiard appartient à une génération qui a vu le sens des mots « résistance » et « collaboration » se complexifier, et renverser parfois les significations que leur donnaient les manuels scolaires. La férocité de son propos (par exemple l'image peu reluisante de résistants tantôt cyniques et opportunistes, tantôt naïfs et aveugles) découlait du désarroi éprouvé face aux mensonges officiels. Une histoire s'était constituée qui n'était pas l'Histoire et personne ne pouvait en sortir indemne. Comment expliquer autrement le traumatisme chronique qu'entretenaient depuis les années 70 les affaires Touvier, Bousquet, les confessions soigneusement « émiettées » et contrôlées du Président Mitterrand, le procès Barbie ou l'interminable instruction du dossier Papon ? Si Jacques Audiard se montrait si cruel en pulvérisant l'imagerie instituée de la Résistance, s'il favorisait le scepticisme systématique et presque conformiste d'une société « revenue de tout », on ne pouvait pour autant lui faire grief de son ironie à l'égard d'un passé aussi louche et aussi opaque. Ce n'était tout de même pas au fils de Michel Audiard qu'il revenait de justifier les ambiguïtés et les omissions de l'establishment ! Le célèbre dialoguiste eût d'ailleurs certainement beaucoup apprécié ce pied de nez à la légende et cette apologie du canular.

Chaque époque a les héros qu'elle mérite. Pour avoir suscité autant de monstres, celle de l'Occupation ne méritait certes pas qu'on la traitât avec trop de ménagement. S'il y avait eu Petiot, Joanovici ou Bousquet, il y avait certainement eu aussi Albert Dehousse. Et Blémont tout entier n'avait pu sortir de l'imagination de Marcel Aymé sans que des modèles bien réels ne lui eussent inspiré ses caricatures. Arrivé à un moment où la société française rejetait dans sa globalité l'emprise qu'avaient exercée sur elle les valeurs et les institutions héritées de la guerre, le cinéma contribuait largement au travail de « vérification » qui était entrepris. En créant des personnages, il passait l'Histoire au révélateur de la fiction. La superposition des deux dévoilait une vérité dont le septième art détient le secret.

IX

LE TEMPS DES HOMMAGES

Cette vision d'une société sans règles, sans morale, sans perspectives politiques identifiables, ne pouvait déboucher que sur une impasse. La volonté de désengagement qui s'était accommodée de films comme *Papy fait de la Résistance*, *Docteur Petiot* ou *Un héros très discret* ne suggérait en elle-même aucune finalité et ne proposait plus la moindre forme de compréhension du passé. Plus rien ne pouvait être bâti à partir d'une approche aussi délétère de l'histoire et de l'identité nationale. Sous couvert d'ironie et de cynisme, le cinéma français avait atteint un point de non-retour.

Force est de reconnaître qu'une nouvelle fois – bien involontairement d'ailleurs – ce fut François Mitterrand qui fut l'instigateur du changement d'orientation que nous allons développer. La passation de pouvoir liée aux élections présidentielles de 1995 et le décès, la même année, de ce personnage protéiforme qui concentrait en lui une bonne partie des interrogations du siècle, marquèrent assurément la fin d'une époque. En effet, si l'on avait pu croire, au début des années 70, que la France s'était affranchie de son passé grâce à

105

l'arrivée d'une nouvelle génération politique, la présence de François Mitterrand au sommet de l'État tout au long des années 80 avait, en revanche, favorisé un regain d'intérêt pour la période de Vichy ainsi qu'une compréhensible curiosité pour les zones d'ombre qui la jalonnaient. La présence tutélaire de ce personnage représentatif des différents parcours suivis par ses contemporains avait incité ceux-ci à raviver d'anciennes plaies jamais vraiment cicatrisées et à penser que l'analyse du présent pourrait en être facilitée. Un tel calcul était déraisonnable et allait donner lieu à des manifestations de désappointement extrêmement négatives. Le paroxysme en fut peut-être atteint lors du navrant épilogue de l'affaire Bousquet, qui vit l'ancien chef de la police de Vichy être fort opportunément soustrait à son jugement par la fureur vengeresse d'un « désaxé ». Pour qui avait cru possible de dissiper les ombres qui recouvrent cette période et certains de ses prolongements (comme les belles « carrières » poursuivies par des collaborateurs notoirement connus), l'élimination-escamotage de Bousquet avait brutalement marqué la fin des illusions. La frustration était immense et, comme nous l'avons vu, elle s'exprimerait de façon virulente, en particulier sur les écrans.

En raccompagnant, avec un faste quasi monarchique, l'ancien président dans sa terre natale, les Français pouvaient sans doute imaginer qu'ils exorcisaient leurs vieux démons et qu'une page était cette fois définitivement tournée. Symbole toujours : une des premières mesures prises par le Président Chirac fraîchement élu était de reconnaître officiellement la responsabilité de l'État français dans la situation faite aux Juifs durant la Seconde Guerre mondiale. Se prévalant de l'héritage gaulliste (rien n'obligeait à admettre que celui-ci avait été largement dilapidé), perpétuant scrupuleusement les rites commémoratifs liés à la Résistance et pouvant arguer d'avoir porté des culottes courtes lors de l'époque incriminée, la légitimité de Jacques Chirac à faire table rase des rancœurs et des dissensions n'était pas contestable. Le temps de l'Occupation et de la Résistance prenait statut d'histoire ancienne et le « devoir de mémoire », antienne sacralisée du discours médiatiquement correct, ajoutait un pensum aux obligations scolaires du moment. En tout état de cause, les intentions dominantes des nouveaux gouvernants tendaient vers l'apaisement.

Le monde du cinéma allait prendre acte de cette situation. On assistait en effet à un espacement marqué des productions ayant trait à cette période. De fait, il faudrait laisser s'écouler un septennat « d'abstinence » et attendre l'année 2002 pour que deux films importants réveillent les mémoires et les consciences, la forme choisie pour le faire attestant d'un complet renouvellement du regard porté sur les années 40. C'est avec beaucoup plus de déférence que l'on fouillait le passé. Le temps des hommages succédait à celui de la colère et des accusations.

C'est Bertrand Tavernier qui, le premier, aborda l'Occupation dans le registre de la nostalgie respectueuse. Il était d'ailleurs surprenant qu'un réalisateur aussi concerné par l'histoire et aussi impliqué dans les débats nationaux ne se fût pas encore aventuré jusqu'à ce moment majeur. Après une corrosive restitution de la Régence (*Que la fête commence*, 1975) et une très subtile approche – par les marges – de la guerre 14-18 (*La Vie et rien d'autre*, 1989, *Capitaine Conan*, 1996), il était certain que Bertrand Tavernier se mesurerait un jour ou l'autre à ce tournant de la conscience

collective. Peu suspect de tiédeur et de conformisme, généralement peu tenté par la recherche
du consensus, Tavernier donnait avec *Laissez-
passer* une tonalité singulière à sa vision de la
France occupée. Cette vision ne se voulait, en
effet, ni globale ni conventionnelle. On avait pris
l'habitude d'honorer la Résistance à travers des
personnages de cheminots, d'agriculteurs, d'ou-
vriers, voire d'instituteurs ou de prêtres, non par le
biais de scénaristes ou d'assistants-réalisateurs.
Les évocations des milieux résistants n'avaient
pas coutume de s'attarder sur les plateaux de tournage. On doit même reconnaître que l'intense
animation qui régna dans les studios durant les
années de présence allemande avait souvent été
associée jusque-là à une forme plus ou moins
larvée de Collaboration, à tout le moins à un
attentisme suffisamment confortable. Quoique
personne n'ait mis en cause la qualité de ses
productions et que son ardeur créative n'ait pas
été contestée non plus[3], le cinéma de l'Occupation
avait davantage été invité à se justifier qu'à se
glorifier (n'oublions pas non plus les répercussions désastreuses du voyage organisé qu'avait
fait à Berlin, en mars 1942, un groupe d'acteurs
peut-être un peu trop « candides », sans doute
beaucoup trop « légers »).

En conséquence de quoi, il semble que la
première intention de Bertrand Tavernier ait été
de faire justice des soupçons qui pesaient sur les
milieux du cinéma, notamment sur tous ceux qui
participèrent, de près ou de loin, aux activités pro-
lifiques de la société *Continental*, propriété des
vainqueurs, placée sous la direction « éclairée »
d'Alfred Greven (un examen objectif des trente

---

3. Deux cent vingt films produits en France durant cette
période, et non des moindres.

films produits entre février 1941 et février 1944 permet effectivement de dire aujourd'hui que la *Continental* n'avait à aucun moment relayé l'idéologie fasciste ou l'idéologie maréchaliste : n'avait-il pas fallu, par exemple, une certaine audace pour autoriser la sortie du *Corbeau* ?). Sur ce point particulier, *Laissez-passer* transforme complètement la vision instituée de l'Occupation et de la complaisance dont avaient fait preuve les « travailleurs du cinéma ».

Emporté par la passion et l'admiration, Tavernier revisite cet épisode tellement riche mais un peu trop trouble de l'histoire du cinéma français, n'hésitant pas à suggérer que, dans l'agitation des coulisses, les résistants fourbissaient leurs armes. Pour ce faire, il retrace l'itinéraire parallèle de deux professionnels du cinéma, deux personnages bien réels : le scénariste Jean Aurenche (avec lequel Tavernier travailla à plusieurs reprises dans les années soixante-dix) et l'assistant-réalisateur Jean Devaivre. Tous deux sont bien sûr situés dans l'inévitable alternative Résistance/Collaboration. L'habileté de Bertrand Tavernier consiste à montrer que cette alternative n'avait rien de schématique et, notamment, que l'on pouvait résister de différentes manières. Ainsi, Jean Aurenche (Denis Podalydès) refuse obstinément toute forme de travail pour la *Continental*, estimant ne donner de cette manière aucun gage à l'occupant et se préserver des compromissions. Il se tient le plus longtemps possible à cette attitude moralement irréprochable, mais finit par servir de prête-nom à un confrère juif affamé. Qui le lui reprocherait ? N'est-il pas grandi par ce manquement à ses propres règles ? Jean Devaivre (Jacques Gamblin), au contraire, apporte à la *Continental* sa force de travail, sa disponibilité et sa compétence discrète. Il est conduit à cette attitude par un amour totalement désintéressé de son métier, une passion pour le cinéma qui entraîne visiblement un phénomène d'empathie chez Bertrand Tavernier. Mais Jean Devaivre mène une double vie. Il est aussi un véritable résistant qui prend des risques et accepte de se risquer dans d'invraisemblables missions. Chacune de ces deux façons d'être détient sa propre vérité.

Comme on l'aura compris, l'objectif du film n'est pas de porter des jugements de valeur, encore moins d'établir une hiérarchie des comportements. À aucun moment les cheminements des deux principaux protagonistes ne se rejoignent, mais tous deux ont leur logique, leur cohérence. Osons le mot : leur grandeur. Il est certain que Bertrand Tavernier ne souhaitait surtout pas distribuer les bons et les mauvais points. Tel n'était pas son propos. Les deux héros sont d'ailleurs représentés avec un humour qui empêche de voir en eux des modèles. Obligés de composer avec une réalité très pénible, Jean Aurenche, Jean Devaivre et tous les personnages qui les entourent s'en arrangent, imaginent, inventent, bricolent. Leur mérite est dans cette survie, dans la façon dont la permanence de l'activité cinématographique a été assurée, que ce soit par les machinistes, les décorateurs, les acteurs, les scénaristes ou, bien sûr, les réalisateurs. L'hommage de Tavernier s'adresse donc simultanément à Claude Autant-Lara, à André Cayatte, à Jean-Paul Le Chanois, à Maurice Tourneur, à Charles Spaak, à Pierre Bost, à Michel Simon et même à Henri-Georges Clouzot. D'une certaine manière, ce sont des brevets de Résistance qu'il distribue à tous ces artisans du cinéma, le travail bien fait étant considéré comme une solution des plus estimables pour ne pas céder aux abandons et aux démissions que générait la situation d'occupation.

Il va de soi que Bertrand Tavernier n'était pas sans connaître les nombreux égarements qui s'étaient produits dans les milieux du cinéma, mais ce n'est pas à des condamnations par contumace ou à des sentences posthumes qu'il entendait se livrer. S'il est un reproche qui lui avait rarement été fait auparavant, c'était celui de naïveté. *Laissez-passer* le suscita cependant chez certains critiques, sans doute déçus par tant de mansuétude. Pour une fois, il est vrai, l'émotion et la générosité avaient peut-être légèrement pris le pas sur l'idée et le souci d'objectivité. La force de ce film n'en était pas diminuée pour autant, quand bien même son audience fut-elle plus réduite qu'on pouvait l'espérer. Il y avait une volonté de rendre compte des années quarante sur des bases nouvelles, plus sereines, une volonté de réintroduire du respect et de la dignité dans les portraits proposés. Il était notamment inédit d'exprimer de la gratitude à l'égard de ceux qui avaient vécu de manière modeste et discrète la période de l'Occupation (remarquons à ce sujet que tous les personnages féminins du film étaient valorisés, de l'épouse réservée de Jean Devaivre à l'amie prostituée de Jean Aurenche). Ne serait-ce qu'en cela, Bertrand Tavernier avait fait œuvre utile. En toute modestie, il aidait la société française à devenir adulte et à surmonter ses crises d'identité. *Laissez-passer* offrait au siècle commençant un regard décomplexé et redonnait à celui qui s'achevait une honorabilité finalement très « innovante ».

Retrouvons maintenant l'odieux Ramirez de *Papy fait de la Résistance*, autrement dit Gérard Jugnot. Cet acteur assez « cru », issu du café-théâtre et voué aux personnages de Français « très moyens » – râleurs impénitents et éternels insatisfaits – était rapidement passé à la réalisation. Après quelques comédies de mœurs et chroniques sociales lui ayant valu d'appréciables succès, Gérard Jugnot décidait de se soumettre à l'épreuve de l'Occupation en s'attribuant le rôle-titre de *Monsieur Batignole*. Peu soucieux de jouer les héros, c'est avec la plus grande honnêteté intellectuelle qu'il s'immergeait dans cette période.

Batignole est un charcutier parisien, individu banal, ni foncièrement bon ni foncièrement mauvais. Bousculé par une épouse sans scrupules que taraudent l'envie et la vanité, par un gendre acquis à la « Révolution Nationale » qui signe des critiques théâtrales pour *Je Suis partout* et par une situation historique qu'il n'est absolument pas en mesure d'appréhender, Batignole est une sorte d'homme « brut », ouvert à toutes les options et, par là même, sujet à toutes les dérives. Par conformisme et paresse d'esprit il reproduit les opinions et les lieux communs les plus stupides que l'on ressasse autour de lui. Ignoble à l'égard de son voisin, médecin juif, lorsque les Allemands viennent arrêter celui-ci avec femme et enfants, vaguement honteux mais consentant tout de même à s'installer dans le logement vacant et dans les meubles délaissés de cette famille déportée, Batignole se réhabilite finalement en prenant sous sa protection le petit Simon, « en cavale » de Drancy et revenu comme un remords hanter l'appartement confisqué par le charcutier. S'ensuit alors une « vadrouille », qui mène Batignole et l'enfant de Paris jusqu'à la Suisse, après que deux jeunes cousines de Simon, également juives, se sont ajoutées au tandem. Un certain nombre de péripéties montrent alors de quoi peut être capable un type des plus ordinaires, commerçant sans relief particulier, lorsqu'il choisit de mener un juste combat. C'est la rédemption d'un homme sans qualités apparentes, d'un « salaud potentiel » qui s'effectue à travers ce périple.

Ne nous y trompons pas cependant. Bien que le message du film ne doive surtout pas être sous-évalué et sa portée morale minimisée, Gérard Jugnot n'oublie pas de le saupoudrer de suffisamment d'humour. Il sait très bien qu'un drame ne prend toute sa force que lorsqu'il prête largement à sourire. Ce cinéphile averti n'a pas oublié les principes des grandes comédies « à la française ». Nous verrons quels ont été ses modèles.

Confronté à l'interrogation qui obsède plus ou moins tous les enfants de l'après-guerre : « Qu'au-rais-je fait moi-même durant l'Occupation ? », Gérard Jugnot s'implique totalement dans la réponse qu'il tente d'apporter. Il n'hésite pas à se représenter en lâche, en velléitaire, en opportu-niste. Son regard est celui d'un homme qui se sait faible, vulnérable, capable comme tout un chacun de basculer brusquement dans l'ignominie. Les années soixante-dix et *Lacombe Lucien* n'ont pas été sans laisser des traces de scepticisme dans les esprits et, si l'on peut reprocher au réalisateur-interprète de se donner malgré tout le « beau » rôle, son mérite n'en a pas été moins grand de balayer avec courage et pudeur le champ des possibles. Le cynisme qu'il a cultivé tout au long de sa carrière d'acteur lui interdisait de toutes manières d'ignorer la « bête immonde » qui som-meille en lui, d'autant plus qu'il s'était souvent efforcé de la réveiller.

Chez Gérard Jugnot comme chez Bertrand Tavernier, on sent bien que la notion de « bon » choix suscite une certaine réserve. Ils ne préten-dent pas redéfinir ce qu'auraient dû être les engagements de chacun, mais plutôt reconstituer les angoisses que n'avaient pu manquer de provo-quer les alternatives qui étaient offertes. Le

XXᵉ siècle achevé, les idéologies en berne, les donneurs de leçons avaient rangé leurs bréviaires et une approche dépassionnée de l'Occupation se faisait jour, plus intimiste, plus lucide, plus respectueuse des individus, quels qu'aient été leurs errements. Longtemps entretenus, les phantasmes d'héroïsme révélaient un caractère par trop simpliste, factice, confortable. Une compassion plus ou moins ouvertement avouée s'exprimait à l'égard des « papys de la guerre », glorieux martyrs parfois, survivants anonymes le plus souvent. L'histoire retrouvait la part inaliénable d'humanité qu'on lui avait trop fréquemment déniée. Elle se lestait aussi du poids de ses ambiguïtés et son authenticité s'en trouvait considérablement renforcée.

Un autre aspect extrêmement intéressant de *Monsieur Batignole* tient au choix et à l'abondance de ses références. Si le film peut être apprécié par le profane en raison de sa linéarité, de sa simplicité de construction, de sa justesse de ton, du soin apporté aux décors et à la restitution de l'atmosphère de l'Occupation, en résumé grâce à cette impression de « qualité française » d'avant la nouvelle vague qui s'en dégage, l'amateur fait en revanche son miel d'une multitude de clins d'œil. Ceux-ci ne sont manifestement pas là pour faire valoir le metteur en scène mais, au contraire, très humblement, pour placer sa réalisation sous l'éclairage et l'autorité de quelques classiques du genre et de quelques « monstres sacrés ».

C'est certainement ainsi qu'il convient d'interpréter la scène où un Sacha Guitry plus vrai que nature rabroue vertement le gendre plumitif (on sait que ce ne fut pas cet aspect « résistant » du prolifique auteur dramatique que retinrent les comités d'épuration). De même, comment ne pas voir un hommage à Louis de Funès dans le fait qu'une infirmière de *Monsieur Batignole* se nomme Jambier ? Et, dès lors, comment ne pas entendre l'écho des tonitruantes mises en garde de Jean Gabin ? *La Traversée de Paris* ne proposait-elle pas le modèle absolu du mélange de farce et d'émotion que recherche Gérard Jugnot ? Peut-on ne pas évoquer *Fortunat* et Bourvil en observant les hésitations de Batignole, cette alternance de cupidité et de scrupules, de hargne et de générosité qui le torture ? Que cela soit voulu ou non, cette improbable escapade à travers la France occupée ne saurait non plus éviter le rapprochement avec *La Grande Vadrouille*. Il faut aussi rappeler que le jeune Jugnot avait tenu un rôle minuscule dans *Monsieur Klein*. Ce pourrait n'être qu'un détail sans grande signification si, scandalisé par l'antisémitisme d'un policier qui retient le petit Simon, Batignole ne décidait de se faire passer lui aussi pour Juif, démarche désespérée qui aggrave la situation. On ne passe pas impunément sur les plateaux de Joseph Losey... La fuite régénératrice de Batignole vers la campagne jurassienne et la rencontre bienfaisante d'une fermière privée d'homme par la guerre provoque nécessairement un jeu de miroir avec *La Grande Illusion* et *Le Passage du Rhin*. Enfin, inscrite en filigrane de tout le film, la référence au *Vieil homme et l'enfant*. Comme dans le film de Claude Berri, c'est l'enfant qui sert de révélateur et qui fait prendre conscience à l'adulte de sa stupidité. C'est l'enfant qui dévoile à l'adulte la réalité du monde et la vérité des hommes. Si l'Occupation est au cœur des deux films, elle n'en est pas le seul ressort.

Nous ne sommes plus dans *Papy fait de la Résistance*, tous ces rappels ne sont pas destinés à parodier les films qui ont précédé. C'est à une relecture de l'Occupation que nous invite Gérard

Jugnot. L'ancien trublion mal embouché du *Splendid* semble nous dire que notre vision de l'histoire ne peut pas s'affranchir des grands exemples cinématographiques. Les images du passé ne sont plus seulement archivées à des fins de documentation, condamnées à attendre sur leurs étagères le bon vouloir des pédagogues. Paradoxalement, elles se sont concrétisées dans des fictions souvent plus convaincantes. La mémoire collective s'est cristallisée sur de grands films, de grands acteurs, sur des scènes « mythiques » qui ont transcendé la grisaille vécue de l'histoire réelle. Gérard Jugnot est totalement représentatif d'une génération nombreuse, élevée en noir et blanc, et qui a su, après les provocations d'usage, retrouver les voies de la reconnaissance et du respect à l'égard des « grands anciens ». L'Occupation présente aujourd'hui pour la société française un aspect sédimentaire et le cinéaste qui s'avise de la redécouvrir ne peut plus le faire sans en dégager les strates superposées. Gérard Jugnot y est parvenu en témoignant d'un maximum de précautions et de délicatesse à l'égard du « gisement » cinématographique.

TRAVELLING DE FIN

Évitons les méprises et les débats sans raison d'être. Il ne faudrait pas reprocher à cette déambulation cinématographique des intentions auxquelles elle ne prétend pas. Tous ces films sur l'Occupation doivent être considérés comme les balises d'une promenade délibérément subjective, essentiellement dirigée par des affects. Elle ne saurait donc se réclamer de quelque forme d'exhaustivité que ce soit. De plus, cette période hors du commun, aussi fascinante que détestable, devait inévitablement susciter une abondante production et une énumération méthodique aurait imposé à de purs chefs-d'œuvre une cohabitation désobligeante avec des films de circonstances, voire de commande, pour lesquels la France occupée ne représente parfois qu'une inépuisable réserve de scénarios. On aura compris que c'est l'admiration qui a guidé cette balade sur pellicule, avant toute autre considération. Il ne pouvait donc être question, sous prétexte d'objectivité, de se livrer à un nivellement qui pût être perçu comme une profanation des « objets du culte ». Ceci pour ceux qui s'étonneraient, par exemple, que *La Septième compagnie* n'ait pas

encore été citée… Pour ceux aussi qui considére-
raient *Lucie Aubrac* (1997), de Claude Berri,
autrement que comme une pesante fiche pédagogique à l'usage des classes de troisième. Sans
doute bien intentionné, ce laborieux assemblage
de vignettes officielles ne peut, quoi qu'il en soit,
aucunement amoindrir la vénération que nous
portons au *Vieil homme et l'enfant*.

La perspective chronologique qui a été le plus
souvent suivie s'imposait presque naturellement.
L'histoire des époques passées reste prise dans un
mouvement permanent, celui qui leur est donné
par les visions, les concepts, et, parfois même par
les calculs du moment. Le temps du tournage se
superpose au temps des événements montrés et le
présent imprime toujours sa marque sur le passé
en cours de restitution. L'analyse d'un film historique est donc absolument indissociable du
contexte politique et moral qui a entouré sa réalisation. S'agissant de la période de l'Occupation et
des multiples foyers de discorde qu'elle a laissés
dans la société française, ce critère « environne-
mental » est totalement incontournable. Tout film
historique procède nécessairement d'une recom-
position du passé qui ne peut d'aucune façon se
prévaloir d'une quelconque neutralité. Les années
40, telles que les ont vécues les Français, ajoutent à
cette règle le poids des souffrances, des rancœurs,
des humiliations, des impostures et de la repentance que cette période a engendrées. Autant de
raisons pour lesquelles il convenait donc de situer
clairement dans le temps les films cités.

Pour en avoir fait un des principes de la démarche suivie, nous admettrons volontiers les
remarques concernant le caractère trop exclusivement hexagonal de ce « travelling ». Avant de

conclure, il convient effectivement de signaler quelques réalisations extérieures à nos frontières qui n'ont pas été sans influer sur les mentalités et sur les productions nationales. Il en est même qui ont suscité d'ardentes polémiques rendues plus supportables par le fait qu'elles s'installaient sur de vastes terrains que n'avaient pas minés nos querelles particulières.

Il en avait été ainsi, en 1974, de *Portier de nuit*, de Liliana Cavani, sulfureux film à thèse d'inspiration sado-masochiste dans lequel Lucia, une rescapée des camps (Charlotte Rampling) retrouvait, douze ans après la guerre, son ancien tortionnaire (Dirk Bogarde) dans le cadre baroque d'un grand hôtel viennois. Devenue l'épouse respectable d'un chef d'orchestre en vogue, sa rencontre fortuite avec Max, officier SS plus ou moins repenti, lui donnait l'occasion de réveiller ses pulsions autodestructrices par des jeux morbides dont le dénouement lui était fatal. Le scandale qui accompagna cette provocation était contemporain de *Lacombe Lucien* et laisse penser que les troubles qui agitaient les consciences et les remises en cause de l'héritage historique officiel s'exprimaient pareillement de l'autre côté des Alpes. On peut d'ailleurs régulièrement constater d'étonnantes similitudes entre le malaise moral et politique créé chez les Italiens par la Seconde Guerre mondiale et celui que nous-mêmes éprouvons tant de peine à surmonter. Les ambiguïtés occasionnées dans les deux pays par cette époque semblent avoir induit des effets voisins.

Cette impression allait être confirmée, beaucoup plus tard, en 1997, par *La Vie est belle* de Roberto Benigni, film totalement iconoclaste qui entreprenait de présenter la déportation de manière ludique. Ce défi était cependant mis

119

au service d'une bouleversante démonstration d'amour paternel et Benigni réussissait finalement à enfreindre avec brio les tabous les plus forts qui soient, ceux qui portent sur la représentation du génocide juif. En comparaison, les audaces de *Monsieur Batignole* pourraient paraître extrêmement raisonnables. Troisième exemple enfin d'une production étrangère majeure, à laquelle l'opinion française et le milieu cinématographique ne pouvaient rester indifférents : *La Liste de Schindler* de Steven Spielberg (1994), œuvre profondément humaniste qui montrait comment, à travers l'action organisée qu'avait menée un industriel allemand pour sauver un maximum de Juifs, l'individu peut s'affranchir des déterminismes nationaux, sociaux et culturels supposés le vouer à la barbarie quand tous les repères rationnels s'effondrent. *La Liste de Schindler* incitait l'être humain à se révolter contre l'Histoire lorsqu'elle devient folle et contre les modes de pensée qui l'oppriment. Bien plus qu'au devoir de mémoire, Spielberg incitait les nouvelles générations à un devoir de réflexion et de dignité. Par bonheur, il obtint un succès considérable et un film comme *Les Milles* (1995) de Sébastien Grall s'en inspira directement en évoquant le camp ouvert, en 1939, par le gouvernement français pour mettre à l'abri des intellectuels allemands antinazis résidant en France. Jean-Pierre Marielle y incarnait un gradé plutôt réactionnaire touché par la grâce humanitaire, un « Schindler à la française ».

Et aujourd'hui, la fertile année 2002 étant passée, vers quelle représentation de l'Occupation le cinéma français se dirige-t-il ? Si nous nous en tenions au plan quantitatif, il semble qu'il n'y aurait guère d'inquiétudes à nourrir. La « veine » des années quarante est apparemment loin d'être épuisée : *Effroyables Jardins* de Jean Becker, *Bon Voyage* de Jean-Paul Rappeneau et *Les Égarés* d'André Téchiné, films sortis en 2003 le démontrent suffisamment. Néanmoins, on perçoit une tendance à utiliser l'épisode tragique de la débâcle, ou l'occupation du territoire national qui s'ensuivit, comme un cadre, une sorte de « paysage » propre à dramatiser des situations et des caractères relativement banals. Les réalisateurs n'ignorent pas que la référence à cette période contribue à rendre beaucoup plus forts et beaucoup plus porteurs d'émotions les moments, les événements et les personnages représentés. La guerre recentre la conscience humaine autour des interrogations et des décisions essentielles, celles qui engagent totalement l'individu. Il est évident qu'il n'y a aucune autre circonstance qui puisse actionner avec autant d'efficacité les ressorts dramatiques. On peut donc déplorer cette manière de céder à la facilité qui consiste à plaquer de plus en plus fréquemment le décor de la guerre sur des intrigues qui ne le nécessiteraient pas toujours. À cet égard, *Un monde presque paisible* de Michel Deville (2002) – adaptation du roman de Robert Bober *Quoi de neuf sur la guerre ?* – faisait preuve de plus d'originalité en montrant comment la communauté juive avait survécu à l'horreur des camps et comment elle avait humblement entrepris de recréer une vie après l'apocalypse. Il y avait de la part de Michel Deville une tentative intéressante pour se projeter hors des moments trop conventionnels et pour explorer des aspects inédits d'une époque surreprésentée. Notons que, depuis *Les Portes de la nuit* et *Manon*, il n'y avait quasiment plus eu de films sur l'immédiat après-guerre. Michel Deville avait choisi, pour sa part, de faire revivre cette période « creuse » sous l'angle du quotidien et de la souffrance morale, non sous celui de la dénonciation et de la colère.

Toujours plus « attaqué » par la télévision, le cinéma reproduit en fait une forme d'« opportunisme historique » dont use et abuse le petit écran. Il suffirait de se reporter aux programmations habituelles des chaînes publiques pour s'en assurer. Il est en effet peu de samedis soir sans qu'un téléfilm pas trop coûteux ne vienne remettre en scène la France « à l'heure allemande ». Dans ce but, il est régulièrement fait appel aux ingrédients censés « faire Occupation » : cours de ferme poussiéreuses, paysans sabotés et « taiseux », toiles cirées à gros carreaux soigneusement maculées, costumes noirs et mines patibulaires des miliciens, sans oublier bien sûr l'indispensable bâtiment public grimé en Kommandantur, à grand renfort de croix gammées. La nostalgie de sa ruralité et de louables motivations à caractère historique convoquent ainsi de manière quasi hebdomadaire la France profonde à un rendez-vous avec le passé qui emprunte en général les voies détournées du mélodrame pour réveiller les dilemmes des années noires. De pauvres filles séduites et abandonnées avant d'être lâchement tondues à la Libération, des enfants naturels grandis dans l'opprobre pour cause de paternité germanique ou des révélations scandaleuses sur des compromissions passées donnant lieu à des règlements de comptes familiaux constituent les supports les plus fréquents de ces histoires et historiettes qui prennent cette période en otage de leurs impératifs d'audience et de leurs obligations culturelles. Pour être tout à fait justes, nous signalerons toutefois quelques exceptions remarquables, comme *Le Petit Parisien*, adaptation d'un roman autobiographique de Dominique Jamet contant les tourments et les interrogations d'un fils de collaborateur « flamboyant », ou *Les Faux-fuyants*, transposition sur les étranges lucarnes d'un roman de Françoise Sagan qui décrivait les péripéties rustiques vécues par une petite communauté parisienne et « branchée » lors de l'exode de juin 1940.

Un oubli volontaire a été revendiqué. Une justification s'impose. Cette promenade cinématographique ne s'est pas fixé pour objectif d'apporter une réponse à toutes les énigmes et il est à nos yeux peu de mystères aussi difficilement explicables que le succès continu rencontré depuis maintenant un quart de siècle par la série des *Septième compagnie* de Robert Lamoureux. Que les Français aient pu apprécier à ce point les évolutions dérisoires de ces personnages caricaturaux de « bidasses » en goguette – tout cela sur fond de débâcle – ne manquerait effectivement pas de surprendre l'observateur impartial. Poltron, hâbleur, intempérant, débrouillard, ouvert à toutes les combines, le soldat français « de base » qui était dépeint à travers ces films ne s'écartait pratiquement pas de la représentation que la propagande vichyste avait donnée de l'armée issue du Front Populaire. Les « héros » de Robert Lamoureux, eux aussi, avaient visiblement fait prévaloir « l'esprit de jouissance » sur « l'esprit de sacrifice ». Il fallait à la société française une bonne dose de masochisme et un goût suspect de l'autoflagellation pour affecter de ne voir que d'innocentes comédies dans ces bouffonneries indigestes. À moins que la catharsis contemporaine n'emprunte délibérément d'autres voies que celles de la tragédie…

Cette rétrospective prenant fin, un dernier regard sera porté sur ceux qui l'ont jalonnée. Nous saluerons donc les acteurs avec tous les égards qui leur sont dus, puisque c'est à eux que s'accrochent le plus solidement nos représentations personnelles. Plus encore qu'à des scènes, c'est à des visages qu'est arrimée la conscience que nous avons de certaines époques. Les acteurs sont les intermédiaires vivants d'une réalité recomposée qui leur doit sa crédibilité et son pouvoir émotionnel. Grâce à eux, le cinéma a recréé l'Histoire d'une façon beaucoup plus convaincante que ne le feront jamais les manuels scolaires.

Il serait donc totalement vain de vouloir évoquer l'Occupation sans que ne viennent se fixer en surimpression des silhouettes bien connues : Bourvil et Gabin bien sûr, mais aussi Michèle Morgan, Catherine Deneuve et Simone Signoret, Philippe Noiret, Michel Simon, Charles Aznavour, Lino Ventura, Alain Delon, Gérard Depardieu. Film après film, tous ces acteurs ont mis en place une iconographie des années noires que plus personne ne s'aviserait de contester. Qui oserait prétendre aujourd'hui que Gerbier et Mathilde n'ont pas existé ? Quel CD rom éducatif rivaliserait en authenticité avec *L'Armée des ombres* pour expliquer la Résistance clandestine ? Combien y eut-il, dans nos provinces, d'exemplaires de ce vieil homme immortalisé par Michel Simon ? Et comment les Français auraient-ils mieux signifié leur volonté d'expiation qu'en confiant cette tâche à Alain Delon, modèle particulièrement favorisé de la communauté nationale ? Aurait-il été possible de redonner vie au passé et de le soumettre à débat sans s'appuyer sur le charisme des étoiles du grand écran ? En amoureux du cinéma nous répondrons négativement, car les acteurs sont évidemment au centre de la passion qui nous anime.

Une dernière nuance sera cependant apportée à cette apologie. La magie du septième art est telle qu'elle suffit parfois à éterniser des figures anonymes. On n'oubliera pas les collégiens d'*Au revoir les enfants* et l'on n'oubliera pas non plus Pierre Blaise, interprète « cloné » de *Lacombe Lucien*, prématurément disparu peu après son unique film mais côtoyant dans nos mémoires les plus illustres de ses congénères. Époque maudite, personnage maudit, un destin cruel faisait se rejoindre l'adolescent lotois et le jeune barbare qu'avait conçu Louis Malle.

Comme nous l'avons vu, rien ne laisse supposer que l'Occupation disparaisse prochainement des salles obscures. Les visions qui en seront proposées s'adapteront nécessairement aux mentalités et aux débats dominants. Elles répondront aux objectifs souvent conciliables du témoignage, de l'explication et de l'exorcisme. Souhaitons que les réalisateurs les plus talentueux n'esquivent pas cette rencontre avec l'histoire d'un siècle encore tout proche. De fait, elle constitue toujours une sorte de « figure imposée » pour qui veut affirmer une identité individuelle ou collective. À ce titre, nous sommes certains qu'elle ne sera pas sans fournir quelques « trésors » supplémentaires aux cinémathèques.

D

Dernier métro (Le), François Truffaut, 1980.
Diable au corps (Le), Claude Autant-Lara, 1947.
Docteur Petiot, Christian de Chalonge, 1990.

E

Effroyables jardins, Jean Becker, 2003.
Égarés (Les), André Téchiné, 2003.

F

Fortunat, Alex Joffé, 1960.
Franciscain de Bourges (Le), Claude Autant-Lara, 1968.

G

Grande Illusion (La), Jean Renoir, 1937.
Grande Vadrouille (La), Gérard Oury, 1966.
Guichets du Louvre (Les), Michel Mitrani, 1974.

H-I

Héros très discret (Un), Jacques Audiard, 1955.
Ironie du sort (L'), Édouard Molinaro, 1974.

J

Jéricho, Henri Calef, 1946.
Jeux interdits, René Clément, 1952.
Jour et l'heure (Le), René Clément, 1962.
Judith Therpauve, Patrice Chéreau, 1978.
Jugement dernier (Le), René Chanas, 1945

L

Lacombe Lucien, Louis Malle, 1973.
Laissez-passer, Bertrand Tavernier, 2002.
Léon Morin, prêtre, Jean-Pierre Melville, 1961.
Ligne de démarcation (La), Claude Chabrol, 1966.
Liste de Schindler (La), Steven Spielberg, 1994.
Lucie Aubrac, Claude Berri, 1997.

M

Manon, Henri-Georges Clouzot, 1949.
Marie-Octobre, Julien Duvivier, 1959.
Martin soldat, Michel Deville, 1966.
Milles (Les), Sébastien Grall, 1995.
Mon ami le traître, José Giovanni, 1988.
Monde presque paisible (Un), Michel Deville, 2002.
Monsieur Batignole, Gérard Jugnot, 2002.
Monsieur Klein, Joseph Losey, 1976.
Mur de l'Atlantique (Le), Marcel Camus, 1970.

N

Nous sommes tous des assassins, André Cayatte, 1952.
Nuit et brouillard, Alain Resnais, 1954.

P

Papy fait de la Résistance, Jean-Marie Poiré, 1983.
Paris brûle-t-il ? René Clément, 1966.
Passage du Rhin (Le), André Cayatte, 1959.
Patates (Les), Claude Autant-Lara, 1969.
Peloton d'exécution, André Berthomieu, 1945.
Père tranquille (Le), René Clément et Noël-Noël, 1946.
Platoon, Oliver Stone, 1986.
Portes de la nuit (Les), Marcel Carné, 1946.
Portier de nuit, Liliana Cavani, 1974.

Q-R

Que la fête commence, Bertrand Tavernier, 1975.
Retour à la vie, André Cayatte, Georges Lampin, Henri-Georges Clouzot, Jean Dréville, 1949.

S

Sac de billes (Un), Jacques Doillon, 1974.
Section spéciale, Constantin Costa-Gavras, 1975.
Septième compagnie (La), Robert Lamoureux.

Où est donc passée la septième compagnie ? 1973.
On a retrouvé la septième compagnie, 1976.
La septième compagnie au clair de lune, 1978.
Silence de la mer (Le), Jean-Pierre Melville, 1949.

T

Taxi pour Tobrouk (Un), Denys de La Patellière, 1961.
To Be or Not To Be, Ernst Lubitsch, 1942.
Traversée de Paris (La), Claude Autant-Lara, 1956.
317ème section (La), Pierre Schœndœrffer, 1964.

U

Uranus, Claude Berri, 1990.

V

Vache et le prisonnier (La), Henri Verneuil, 1959.
Vie de château (La), Jean-Paul Rappeneau, 1966.
Vie est belle (La), Roberto Benigni, 1997.
Vie et rien d'autre (La), Bertrand Tavernier, 1989.
Vieil homme et l'enfant (Le), Claude Berri, 1967.
Vieux fusil (Le), Robert Enrico, 1975.
Violons du bal (Les), Michel Drach, 1974.
Voyage au bout de l'enfer, Michael Cimino, 1978.

Z

Z, Constantin Costa-Gavras, 1969.

TABLE

DÉJÀ PARUS AUX ÉDITIONS ALVIK :

Le Souvenir de tout ça : amours, politique et cinéma
Betsy Blair

L'Allemagne de Berlin : différente et semblable
Alfred Grosser

La Puissance Russe : un puzzle à reconstituer ?
Michael Thumann

La Turquie : une étoile montante ?
Stephen Kinzer

L'Iran des réformes
Katajun Amirpur

Cuba : tout changera, demain…
Ben Corbett

Géopolitique de la Roumanie : regards croisés
Jacques Barrat, Dan Berindei, Jean-Paul Bled,
Claudia Moisei

Les Pays Baltes
Antoine Jacob

Portraits de Chine
Frédéric Koller

Les Guerres nouvelles
Herfried Münkler

La Guerre du Sonderbund : la Suisse de 1847
Pierre du Bois

Le Traité de Versailles vu par ses contemporains
Collectif

Churchill : un guerrier en politique
Sebastian Haffner

Talleyrand, un seul maître : la France
Duff Cooper

Achevé d'imprimer sur les presses
de l'Imprimerie France Quercy
113, rue André Breton, 46001 Cahors
d'après montages et gravure numériques
(Computer To Plate)
Dépôt légal : juillet 2004
Numéro d'impression : 41784

Imprimé en France

De Gaulle ; au delà de la légende
Julian Jackson

Fidel Castro : El Comandante
Volker Skierka

Athénaïs de Montespan
Lisa Hilton

Bioéthique : avis de tempêtes
Hervé Chneiweiss et Jean-Yves Nau

Pierre Soulages : au-delà du Noir
Russell Connor

Au fil du sable : balade poétique en Mauritanie
Michel Bacchetta

Le Croque-mort a la vie dure
Tim Cockey

Le Croque-mort préfère la bière
Tim Cockey

L'Ombre de la Napola
Reiner Sowa

Achevé d'imprimer sur les presses
de l'Imprimerie France Quercy
113, rue André Breton, 46001 Cahors
d'après montages et gravure numériques
(Computer To Plate)
Dépôt légal : juillet 2004
Numéro d'impression : 41784

Imprimé en France